中国近现代函授教育史专题研究

丁　伟　著

黑龙江科学技术出版社

图书在版编目（ＣＩＰ）数据

中国近现代函授教育史专题研究 / 丁伟著. -- 哈尔滨 : 黑龙江科学技术出版社, 2023.2
ISBN 978-7-5719-1699-2

Ⅰ.①中… Ⅱ.①丁… Ⅲ.①函授教育—教育史—中国—近现代 Ⅳ.①G727

中国版本图书馆CIP数据核字(2022)第226839号

中国近现代函授教育史专题研究
ZHONGGUO JINXIANDAI HANSHOU JIAOYUSHI ZHUANTI YANJIU
丁　伟　著

责任编辑　梁祥崇
封面设计　卓印堂
出　　版　黑龙江科学技术出版社
　　　　　地址：哈尔滨市南岗区公安街70-2号　邮编：150007
　　　　　电话：（0451）53642106　传真：（0451）53642143
　　　　　网址：www.lkcbs.cn
发　　行　全国新华书店
印　　刷　哈尔滨博奇印刷有限公司
开　　本　710 mm × 1000 mm　1/16
印　　张　12
字　　数　300千字
版　　次　2023年2月第1版 2023年2月第1次印刷
书　　号　ISBN 978-7-5719-1699-2
定　　价　65.00元

作者简介

丁伟，河南省商丘市人，中共党员，副教授。2015年12月毕业于浙江大学人文学院，获得中国近代史专业历史学博士学位。现任山东省菏泽医学专科学校思想政治理论教学部直属党支部副书记、部门副主任、校学术委员会委员等职务。主要研究方向为中国近现代教育史（以语言教育、成人教育为重点）、出版文化史、传统文化等。

已在《编辑之友》《兰州学刊》《理论月刊》《河北师范大学学报》《黑龙江高教研究》《广西社会科学》《中国出版史研究》等期刊发表学术论文七十余篇（50篇独著，十余篇第一作者），其中，14篇论文（独著）发表在中文核心期刊、CSSCI期刊，另有多篇论文发表在RCCSE核心期刊、中国人文社会科学核心期刊（AMI）。2017年11月由商务印书馆出版学术专著《近代民营出版机构的英语函授教育（1915—1946年）》（约42万字）。

主持、参与厅级及以上科研项目14项。参与2022年国家社科基金后期资助项目1项（排名第3），项目名称：傅兰雅与中国近代外语教育。获得市级及以上科研成果奖励12项，主要包括：2009年河南省教育科学研究优秀成果二等奖、2010年河南省教育科学研究优秀成果一等奖、2018年度山东省高等学校人文社会科学优秀成果一等奖、2018年度菏泽市社会科学优秀成果一等奖、2014至2018年度山东省写作学会优秀科研成果一等奖等。

序

2015年，即丁伟完成博士论文《近代民营出版机构的英语函授教育（1915—1946）》时，中国函授教育史方面的研究还很冷清，成果寥寥。也就是从此之后，关于中国近代函授教育史的研究虽然还谈不上成为热点，但确实是"热"了不少。在这个逐渐提升"热度"的过程中，就有丁伟的不少贡献。本书选入的十余篇（包括没有选入本书的数十篇）论文以及多部论著正是他这几年发表和出版的。这些论文、论著被许多研究者所引用，并且受到了许多同行的关注，为逐渐推热函授教育史研究起到了重要作用。

从这些分量充足的论文、论著可以看到，丁伟毕业后的学术成果称得上丰硕。同时透过这十余篇论文还可以看到丁伟学术上坚持不懈的精神，在繁忙的教学研究工作。坚守自己所热爱的专业，从攻读博士学位开始，在中国近代函授教育史这个领域精耕细作，十余年间收获了数十篇学术论文，出版了多部专著。透过这十余篇论文还可以看到丁伟做学问的踏实作风。我在前面之所以用了"分量充足"这个词，就是指丁伟的这些研究成果没有什么虚浮的东西，十多年一直紧盯一个目标，做着很有必要的扎扎实实的打基础的工作，从"书山""报海"中广为搜寻，细细爬梳，所整理并发表的都是对近现代函授教育及国民教育、近代文化、近代历史的研究很有用、很有价值的"干货"，做出的是人们常称赞的"功德无量"的贡献，对函授教育及相关领域的研究具有推动作用。

这里所说的"推动作用"并非空泛的言词。任何领域或曰课题的研究都必须从基础做起。很多研究者指出了函授教育在中国近代教育发展过程中的重要地位，指出了函授教育在中国国民素质提升过程中的重要作用，但仅止于此是远远不够的。站在中国历史发展的高处看，函授教育又是中国走向现代的历史运动中的一个具体事例，是19世纪中期以来中西文化交流的一个成果，是19世纪末叶兴起的"开民智""兴民权"文化革新潮流下的一个成果，是传统经济和社会不断分化并且向现代经济形态、社会形态转化过程的一个成果；反过来看，民国初年函授教育的兴起，又对提升中西文化的交流，强化新文化建设并催化新文化思想运动潮流，推进传统经济和社会的分化，进而向现代经济形态和社会形态转化起到了重要的历史作用。实际上，丁伟　这些论著中对相关史料的搜集整理以及考证，对许多很具体的个案的研究，就是以大历史的视野，实证且生动地说明了函授教育所发挥的这一历史作用。这正是这一领域的学术研究之希望所在：学者们必定会在对函授教育之历史意义深入理解之基础上，在已有成就的史料搜集整理和实证研究的基础上，不仅对中国函授教育做更深入、系统的研究，更对近现代中国教育、文化、社会和经济等领域的历史进程有更新的、更深入的认识。

浙江大学历史学系　汪林茂

2022年秋

自　序

　　晚清以降，中国传统教育的变革所体现出来的最本质特征，就是实用性、民主性、科学性和开放性，这也是教育近代化的基本内涵。函授教育在近代中国诞生并取得一定的发展，这一重大教育事件本身就是中国教育由传统到现代转型的一个重要标志。它有效缓解了有限的学校教育资源与社会民众的实际需求之间的供需矛盾，为广大中下层社会群体开辟了一条接受系统教育、提高文化素质、掌握专业技能的新途径。毫无疑问，这种迥别于传统教育体制的开放式教育形式，在中国教育近代化的发展历程中，起到了重要的推动作用。

　　我国远程教育起源于19世纪末期，私立专门函授学校兴办的术科函授教育、在华外国教会学校开办的函授教育和官方举办的华侨、师范函授教育是我国早期远程教育发展历程中的三个重要组成部分。函授学员遍布全国各地，从事众多行业，他们为推动我国近代化事业的发展做出了重要贡献。其中，近代民营出版机构，充分凭借自身雄厚的人才智力资源和纸质媒介资源优势，兴办的术科函授教育格外引人瞩目。

　　二十世纪初，近代资本主义经济在上海一地得到快速的发展，上海城市的持续发展对上海人口素质提出了更高的要求。上海凭借其所拥有的极其丰厚的人力资源和得天独厚的地理位置的优势，私立函授学校异军突起。无论是其函授学校的数量、种类、办学规模，还是其办学的整体实力和水平，在晚清和民国时期，一直在全国保持领先的水平。

　　1915年3月，商务印书馆率先创办商务印书馆函授学社（首先开设英文科），不仅正式拉开了中国近代函授教育的序幕，亦成为中国近代英语函授教育之嚆矢。此后，民营出版机构纷纷创办函授学校：文明书局附设函授学社（首先开设商业科）、上海新中国印书馆附设英文函授学社、中华书局附设函授学校（首先开设英文科）、开明中学（函授）讲义社（后改名为开明函授学校）、大东书局附设大东法律函授学校、世界书局附设英文函授学校、大东书局附设函授学校（开设文书、日文两科）。至此，近代民营出版机构俨然成为非常重要的函授教育办学力量。

根据民国文献的记载,在民国时期开办的所有专门函授学校中,商务印书馆、中华书局、大东书局及开明书店创办的函授学校均"有着显著的成绩和光荣的历史"。特别是商务印书馆函授学校、中华书局函授学校、开明函授学校的整体办学水平在上海一地乃至全国范围之内,始终保持着遥遥领先的地位。在长达数十年的函授教育办学生涯中,上述三所函授学校都取得了显著的办学效果和突出的社会效益,在中国近现代函授教育史、中国早期远程教育史上都占据着极其重要的位置。在民国社会变革和转型的时代背景下,上述三所私立专门函授学校密切关注社会发展和广大民众的实际需求,先后开设了特色鲜明、办学优势突出的不同门类专业,为民国社会工、商、学、政等领域培养了数以万计的专业人才。

除了以上三所私立专门函授学校之外,创办于1925年8月的上海函授大学也格外引人瞩目,它是中国近代函授教育史上的第一所专门高等函授大学。上海函授大学的问世标志着中国近代函授教育的办学层次、办学水平达到了一个历史新高度,在中国近现代函授教育的发展历程中具有里程碑的意义。

由是观之,商务印书馆函授学社、中华书局函授学校、开明函授学校、上海函授大学这四所专门函授学校所具备的个案研究价值是不言而喻的。

鉴于上述原因,本书就是围绕着上述四所函授学校及上海一地的整体函授教育的办学状况而展开分析、探讨和论述的。

本书分为上篇和下篇两部分,本书上篇的题名为《函授教育文献史料专题研究》,所收录的论文题目依次是:《有关商务印书馆函授学社的史料钩沉》《一份弥足珍贵的史料:一·二八事变后重订的〈商务印书馆函授学社简章〉》《〈商务印书馆函授学社英语正音讲习会简章〉的史料价值》《〈申报〉对一·二八事变后商务印书馆附设函授学社的记载》《〈申报〉对商务印书馆附设函授学社办学效果的记载》《有关开明函授学校办学起止时间的史实考辩》《民国时期商务印书馆函授学校办学时间史实考辩》《有关中华书局函授学校创办时间的史实考证》,《〈申报〉对上海函授大学的记载》《有关〈上海成人教育志〉第9章"远程教育"第1节"函授教育"的若干补正——以〈申报〉的记载为考察中心（上）》《有关〈上海成人教育志〉第9章"远程教育"第1节"函授教育"的若干补正——以〈申报〉的记载为考察中心（下）》。以上十一篇论文均是在发掘、公布与解读新发现的若干史料的基础之上，指正已有研究成果存在的谬误，提出新的观点；澄清客观历史事实，避免以讹传讹，重塑、构建和再现中国近现代函授教育史上的重要办学历史图景，也为后续的深入研究工作提供重要的原始文献史料支撑。

本书下篇的题名为《函授教育文献史料专题研究》，所收录的论文题目依次是：《商务印书馆函授学社国语科办学特点及其启示（上）》《商务印书馆函授学社国语科办学特点及其启示（下）》《民国时期中华书局附设函授学校办学经历概述、特点总结与其启示》《从〈申报〉看开明函授学校的办学特点及其启示》。以上四篇论文依据新发现的多份原始文献资料，全景式地勾勒和展现了商务印书馆函授学社国语科、中华书局函授学校、开明函授学校的办学历史轨迹，认真总结和反思了其办学特点，以期为当今的高等成人教育事业、继续教育事业提供有价值的启发和借鉴。

本书收录的论文都在学术期刊公开发表，多篇发表在中文核心期刊、CSSCI来源刊、RCCSE核心期刊。十五篇中，十四篇论文为独著，是笔者在浙江大学攻读博士学位期间撰写，一篇论文（第一作者）是笔者在菏泽医学专科学校工作期间而发表的。历经一年多的时间，以上十五篇论文经过反复修改、补充和完善，最终汇编成册、结集出版，以便广大读者、专家、学者的阅读、参考和研究。

笔者在修改和完善这部书稿的过程当中，每次遇到疑难问题或感到困惑不解的时候，总是在第一时间内向我的导师汪林茂教授寻求帮助，汪老师总是能够认真倾听我的诉求，耐心为我指点迷津，使我豁然开朗。汪林茂教授是我在浙江大学攻读硕士、博士学位期间的导师。汪先生是国内著名的晚清文化史专家、辛亥革命史专家。在学术道路上的每一次前行，都离不开老师的倾心传授和悉心指导。师恩难忘，永远铭记于心！

我要特别感谢学校袁志勇书记、顾润国校长、蒋继国副校长等学校领导给予我的关心、鼓励和支持！没有他们的指导和帮助，我是无法完成本书写作和修改工作的。还要特别感谢学校思想政治理论教学部姚树密主任对我的理解、支持和帮助！还要感谢张荣贵、马楠、李齐亚、李天赐老师，他们为本书校对付出了辛苦的汗水。

受制于学术平台、学术视野与研究水平的所限，书中的不当之处在所难免，敬请学界专家、学者及广大读者给予批评指正！在此一并表示衷心感谢！

丁伟

2023年1月于山东省菏泽医学专科学校

目　录

上篇

函授教育文献史料专题研究

有关商务印书馆函授学社的史料钩沉

摘要： 商务印书馆兴办的函授教育在中国函授教育史上占据着重要位置，但留下的史料非常有限，因此发现新的史料极其重要。经回顾和考察有关商务印书馆函授学社的三篇史料类文章，发掘出了刊登在《英语周刊》上的有关商务印书馆兴办函授教育的六段"小史"和一条与此密切相关的史料，从而证明其对于研究中国近代的函授教育和职业教育具有重要意义。

关键词： 商务印书馆；函授学社；史料钩沉

一、较高的个案研究价值

我国的函授教育比世界上发达国家函授教育的发展要晚60年。1906年美国施克兰顿（英文名称为Scranton，今译为斯克兰顿）万国函授学校在上海设立了总经理部，专理中国函授业务。1914年，为就近处理学生作业与答疑等事项，该校又派教师在上海设立了教授支部，成为我国的第一个函授机构。1915年，商务印书馆因其发行的英文学习类期刊文字表达通俗易懂，内容富有教育性、艺术性，深受读者欢迎，在各界的催促下，该馆应社会之需首先创办了商务印书馆附设函授学社英文一科，正式拉开了中国人自办函授教育的序幕。此后，各地国人自办的函授学校接踵而起。当时规模最大、声誉最著者，当推商务印书馆函授学社[1]。显然，商务印书馆兴办的函授教育在中国函授教育史上占据着重要的地位，探讨其函授教育的发展历史，对促进当今远程教育理论与实践的研究和职业教育的研究都具有重要的现实意义。

二、相关研究成果综述

后世留下的对商务印书馆函授学社史料记载非常有限，除了零星见于一些民国时期的报纸和教育类期刊上面刊登的广告之外（主要有《申报》《教育杂志》等），已出版的专门记载商务印书馆函授学社的史料类文章仅有三篇。一篇是王步贤于1919年发表于《教育杂志》上的《参观商务印书馆英文函授学社记略》，全文不到500字[2]；一篇是唐锦泉撰写的《商务印书馆附设的函授学校》，作为史料收录于商务印书馆1992编写的《商务印书馆九十五年》一书中[3]；还有一篇是严天牟所写的《中国之函授学校》，发表于1918年《东方杂志》上，专门介绍了当时商务印书馆函授学社的一些情况[4]。

由于商务印书馆授学社在1921年后才逐步添设了算学科、国语科、商业科及国文科，所以，上述王步贤和严天牟的文章只记录了当时英文科的历史背景、教学体制和课程设置等一些基本情况。值得注意的是，严天牟的文章较为详细地记录了当时函授学社英文科学员的来源阶层、分布地域和毕业后的就业去向，非常具有参考价值。唐锦泉撰写的文章对英文科的描述与上述两篇文章基本相同，但增加了英文科师资情况的资料，虽然也提到了函授学社开设其他各科的相关信息，但主要涉及的是开设其他各科的名称和时间，至于其他各科的历史背景、教学体制、课程设置、学员人数及毕业人数等重要信息不详，其中一些科的名称和开设时间似有误。由于这篇文章没有指出任何史料来源，很难验证其正误，与刊登在由商务印书馆编译所主办的《英语周刊》（*English Weekly*）上的有关函授学社的六段"小史"不符，如1922年添设的应该是"算学与国语两科"，而不是唐文所说的"1922年1月，商务印书馆又开办算术科、商业科。后又增设算学科，……"开设国语科的时间是1922年，开设商业科的时间是1923年，而不是唐文中所说的1924年和1922年。《英语周刊》杂志社与函授学社都隶属商务印书馆编译所，两者有着极其密切的业务关系，商务印书馆函授学社经常在《英语周刊》上面刊登大量的与之相关的通告和广告，密切保持与学员和社会各界的信息沟通，从而有力地推动了函授教育的发展[5]。所以我们更有理由相信《英语周刊》上公布的"小史"资料应该是可靠的。唐锦泉的这篇文章重点介绍了英文科的一些情况，但对于其他科的情况则语焉不详，引人注意的是作者几乎使用了一半的篇幅较为详细地记载了1932年一·二八事变后函授学社的情形。

至今已发表的一些相关论文和出版的著作均专门阐述了商务印书馆函授学社，但其引用的核心资料基本上都来源于上述三篇史料类文章，相关著作有：《函授教育与管理》[6]《商务印书馆与中国近代文化》[7]《出版与近代文明》[8]《中国出版通史》[9]；相关论文有：《中国早期函授教育的产生和发展——商务印书馆函授教育的历史回顾》[10]《中国早期函授教育形成与发展研究》[11]《我国函授教育的产生和早期发展》[12]。此外，还有中国知网公布的少量硕博论文也论及商务印书馆函授学社，但其所引证的资料都没有突破上述三篇史料类文章的藩篱，限于篇幅所限，在此不再一一赘述。

三、新发现的文献史料

根据目前已掌握的资料，仅有商务印书馆函授学社刊登在《英语周刊》上的六段"小史"对1928年以前的函授学社和其各科的情况做了概括性、全面性的历史回顾，在很大程度上弥补了前述三篇史料类文章的不足，对探讨商务印书馆兴办的函授教育颇具参考价值，其详情如下：

商务印书馆函授学社小史

商务印书馆默察我国社会情形，觉函授学校之设，足以辅学校之不及，而为失学者开一方便之门，因于民国四年创办本社，是为我国有函授学校之始。开办之初，仅设英文一科，承各界之信任，学员来学者甚多；十一年，添设算学与国语两科；十二年，添设商业科；十四年，又添设国文科。现有学员二万六千六百三十五人，毕业者已达四千六百八十一人（截至十六年十一月底止）。功效早已著称于全国，且终年开课，不受时局影响，故学员毫无中辍学之虞。[13]

国文科小史

国文科之重要，尽人皆知。本社应社会之需求，增设国文科，专为不能入校修业或在校修业而欲增进其程度者，开最捷之途径。内容分文体及语体二系。文体系于民国十四年开办，分初中高三级。语体系则尚在筹备中。

文体系之教材，分课本及讲义两大类。课本按级编制，实质与形式并重。讲义辅助课本，述各种学术之概要。务使学员具有国文学上必要之智识，并能撰作应用之文字。

国文科现有学员三千零九十一人，在初中二级毕业者计三十五人（均截至民国十六年十一月底止）。[14]

国语科小史

"国语为普及教育之利器，早为一般教育家所公认。故国语教育之趋势，日紧一日。本社为推广国语教育及辅助有志研究国语者起见，特于民国十一年添设国语科。

国语科课程有七：（一）国语发音学；（二）国语文法；（三）国语文选；（四）国语会话；（五）国语教学法；（六）音韵学史概要；（七）国语练习法。务使学员之毕业于国语科者，得到国语上真实之智识及技能。

研习国语，以发音为重要。本社特请赵元任先生在美国特制国语留声片，以为发音之助。国语科学员研读本社讲义，更得赵先生所制之国语留声机片以为指南，所学必有成就，可断言也。

国语科现有学员四百九十一人，已毕业者一百十四人（截至民国十六年年底止）。[15]

英文科小史

英文科创立于民国四年，乃本社开办最先之一科也。分为本科与选科两部。宗旨在辅助略识别英文者增进其程度，俾能阅报，写信，作文。

本科复分四级，凡国文粗通，略能读英字拼音之人，均可报名入第一级，由是而第二级，第三级，第四级，乃毕业焉。学员于毕业第四级之后，能读英文一切普通书报，能翻译长篇文件，能读写各种信札，并能自由作文。

本科各级科目，必须按级全修，而在有志补习一二门者，尤觉不便。故本社特于民国六年，添设英文选科，计分九门，任人选择。于是志在专修者，咸称便也。

英文科在学学员，计本科一万七千零六十八人，选科三千六百五十人，毕业学员，计本科三千一百十五人，选科一千一百七十人（截至民国十六年年底止）。[16]

商业科小史

本社鉴于商学之需要，及国内商业人士之缺乏，于民国十二年七月添设商业科，其目的有三：（一）教授一般有志商业而未能入相当学校之人士，使得商业上之专门智；（二）训练已在商界办事之人，使之智识增加，才具发展，克任重要职务；（三）辅助中小学教师，供以最新之商业教材及智识。

商业科分预科，专门科，及研究科。预科科目凡八。专门科分第一，第二，第三，三级，每级科目凡六。研究科科目凡八。

学员在预科毕业后，可入专门；在专门科毕业后，可在研究科内择其与一己性质相近或职务有关之一系而专修之，以期达成。又本社为便利学员起见，凡不欲专修专门科全级者，得任择该科之一学科或数学科而专修之，是为特别学员。

商业科现有学员一千五百四十三人，已毕业者计八十八人（均截至民国十六年年底止）。[17]

算学科小史

本社以一切科学，皆以算学为本，而各种簿记，汇兑，折算，尤与算学有密切之关系，特于民国十一年，添设算学科，计分三门：（一）算术，（二）代数，（三）几何及三角。

算学科之宗旨，在辅助有志算学者，务使学员在算学科毕业后，能解演寻常一切实用计算问题，能阅看英美一切普通算学书籍，并能进修高等算学及物理工程等一切以算学为基础之学术。

课本皆用英文。专门名词，界说条理，以及难解之词句，皆附汉文释义。凡读过英文一二年，而能自读任何英文读本第三册，或曾在本社英文科第一级毕业，而第二级课程修读已过半数者，无论男女，均可入算学科。

算学科现有学员八百八十人，毕业者一百六十九人（均截至民国十六年年底止）。[18]

本社之优点：英文科奖金

"函授学社之性质，与普通学校不同。肄业于普通学校者，其读书大率迫于学校之牵制，若求学于函授学社，则完全出于自己之立志向学，故函授学社之学生，皆有志上进之学生，亦可谓纯能自治之学生。

本社为鼓励学员起见，除奖品外，每年复于英文科本科各级毕业学员中，每级选择成绩最佳者三名，薄给奖金，第一名五十元，第二名三十元，第三名二十元，计每级一百元，四级共四百元，均给现银。至去年止，奖案已举行十次矣。

选择之方法，以下列三点为标准：（一）答案适当者。（二）课艺早完者。（三）课卷清洁者。

凡毕业学员欲参与此项奖金者，须于每年一月一日以后三月三十一日以前，将本社批回执课艺，全数寄来，以便评阅。[19]

这是除上述六段"小史"之外的另外一条相当重要的文献史料。

四、重要的史料价值

显而易见，刊登在《英语周刊》上的六段"小史"和一条相关重要史料《本社之优点：英文科奖金》与前述的三篇史料类文章相互弥补、互为佐证，共同构成了能够从整体上解读商务印书馆函授学社的较为完整的史料体系，有助于更好地了解函授学社各科创办时的历史背景、教学对象、教学目的、教学体制、课程设置及学员人数等具体情况，不仅对研究中国近代函授教育具有重要的史料价值，而且对中国近代职业教育史的研究也很有意义，这也是发掘这些史料的价值所在。

参考文献：

[1]赖春明. 函授教育与管理[M]. 北京：解放军出版社，1989：11–12.

[2]王步贤. 参观商务印书馆英文函授学社记略[J]. 教育杂志，1919（4）：29–30.

[3]唐锦泉. 商务印书馆附设的函授学校[G]//商务印书馆. 商务印书馆九十五年. 北京：商务印书馆，1992：657–660.

[4]严天牟. 中国之函授学校[J]. 东方杂志，1918（3）：178–181.

[5]丁伟. 民国时期（1915年—1930年）商务印书馆附设函授学社的英文科（下）[J]. 广西社会科学，2008（10）：124.

[6]赖春明. 函授教育与管理[M]. 北京：解放军出版社，1989：11–12.

[7]史春风. 商务印书馆与中国近代文化[M]. 北京：北京大学出版社，2006：144–145.

[8]王建辉. 出版与近代文明[M]. 开封：河南大学出版社，2006：76.

[9]王余光，吴永贵. 中国出版通史：民国卷[M]. 北京：中国书籍出版社，2008：230–231.

[10]肖永寿. 中国早期函授教育的产生和发展——商务印书馆函授教育的历史回顾[J]. 四川师范学院学报（哲学社会科学版），1996（3）：91–94.

[11]张东. 中国早期函授教育形成与发展研究[J]. 浙江教育学院学报，2004（4）：46–51.

[12]陈斌. 我国函授教育的产生和早期发展[J]. 教育史研究，2004
（4）：31-34.

[13]C.P.C.S. News商务印书馆函授学社新闻——商务印书馆函授学社小
史[J]. 英语周刊，1928（636）：760.

[14]C.P.C.S. News商务印书馆函授学社新闻——国文科小史[J]. 英语周
刊，1928（637）：780.

[15]C.P.C.S. News商务印书馆函授学社新闻——国语科小史[J]. 英语周
刊，1928（638）：800.

[16]C.P.C.S. News商务印书馆函授学社新闻——英文科小史[J]. 英语周
刊，1928（639）：820.

[17]C.P.C.S. News商务印书馆函授学社新闻——商业科小史[J]. 英语周
刊，1928（640）：840.

[18]C.P.C.S. News商务印书馆函授学社新闻——算学科小史[J]. 英语周
刊，1928（641）：860.

[19]C.P.C.S. News商务印书馆函授学社新闻——本社之优点：英文科奖
金[J]. 英语周刊，1928（642）：880.

（原文载《职业教育研究》，2010年第10期）

《商务印书馆函授学社英语正音讲习会简章》的史料价值

摘要： 概述了研究商务印书馆函授学社的历史意义及其研究现状，以此为依据，论述了《商务印书馆函授学社英语正音讲习会简章》对研究商务印书馆史、中国远程教育史和西方现代英语语音学在华传播史均具有重要的史料价值。

关键词： 商务印书馆函授学社；英语正音讲习会简章；史料价值

一、研究商务印书馆函授学社之历史意义及其研究现状

自从1902年张元济正式加入商务印书馆后，"吾辈当以扶助教育为己任"就成为商务印书馆一直遵循的教育出版理念。秉承这一出版理念，商务印书馆陆续出版了数量众多的新式教科书、教学工具书、教学辅导用书、教学参考书、教育理论著作，并创办了一系列有着重大影响力的教育类期刊，大力介绍、宣传和推广新思想、新理论、新观点和新方法，极大地促进了中国从传统教育模式向近代教育模式转型的艰难嬗变历程，为中国教育近代化事业做出了不可估量的贡献。不仅如此，商务印书馆还充分凭借其丰厚的出版媒介资源平台和丰富的人才智力资源的优势，直接从事具体的教育实践活动；依据当时社会之实际需求，以附设学校的方式，创办了一系列办学特色鲜明、教学效果显著的社会教育机构。

商务印书馆向来被人们称为一个"大教育机关"，这样的称呼的确是名副其实。在中国近代教育史上，出版机构从事办学实践活动，其办学规模之最大、办学影响力之最强、办学时间持续之最长者，非商务印书馆莫属。正如李伯嘉所言："在我国出版业中，把出版书籍工作的剩余力量用在实际教育事业方面，最有成绩的就是商务印书馆"[1]325。已经发掘的相关史料显示，商务印书馆开办的各类教育机构主要有，小学师范讲习社、尚公小学、商业补习社、养真幼稚园、函授学社英文科、东文学社、国语讲习所、函授学社算学科、函授学社国语科、函授学社商业科、上海国语师

范学校、艺徒学校、仪器标本实习所、函授学社国文科、四角号码检字法讲习所、工厂管理员训练班等机构[1]730-734。

在上述所列举的社会教育机构中，函授学社取得的辉煌成就尤其格外引人瞩目，它发端于1915年3月，终结于20世纪40年代末期，办学时间长达30多年之久。应当时社会各界之急需，最先创办的函授学社英文科于1915年7月正式面向社会招收学员[3]113；英文科办学效果受到社会好评之后，于1922年2月函授学社又开办国语科和算学科[4]，紧接着，在1923年5月增设商业科[5]，而后，又于1925年2月开设国文科[6]。商务印书馆最早从欧美引进的这种不受地域限制、打破时空藩篱的新型开放式教育体制很快就显示出了极强的生命力和辐射力。据统计，仅仅至1918年3月，英文科的学员已遍布全国22个内地省份，还有一些学员分布在香港、澳门以及东南亚的菲律宾、缅甸等国家。其生源几乎涵盖了民国社会的各个领域，主要来自于工、商、学、政及宗教界。截至1922年11月，英文科共培训"本科"（学历教育）和"选科"（非学历教育）学员一万余人，其中"本科"毕业者达三千余人。到1931年6月，函授学社五科共有学员三万六千余人，毕业后升入大学和留学归国在社会担任要职的就有三千六百多人[7]125。到1935年2月，学员前后统计已达五万余人之多[8]。

毋庸置疑，商馆函授学社在中国近代出版史上具有重要的历史意义是不言而喻的，但它在中国近代教育史上的学术价值和现实意义更加值得重视和关注。众所周知，中国远程教育经历了从函授教育到广播电视教育、再到网络远程教育三个阶段的发展历程。商馆函授学社作为中国近代正式函授教育的源头和起点，要想厘清中国远程教育历史的发展脉络，显然，对商馆函授学社的研究是我们无法回避的一个历史拐点和重要环节。近代以来，中国传统教育的变革所体现出来的最本质特征，就是实用性、民主性、科学性和开放性，这也正是我们所理解的教育近代化的基本内涵[9]。那么，在中国教育近代化的历程中，显然，商务印书馆创办的函授学社担当了重要推手的作用。正是鉴于上述原因，学界对商馆函授学社的研究保持了较高的关注。由于其英文科办学时间最长、毕业学员最多、成绩最为突出、办学效益最为显著、社会反响最为强烈，因此英文科极具个案研究价值。

笔者曾专门撰文，探讨了1915年至1930年期间商馆函授学社英文科办学详情，早在其办学初期（1920年以前），发现其教学环节的组织和管理已经相当完备，已经接近现代的远程教育。第一步，英文科组织名师精心编写一系列函授教材，以函授讲义为主体的系列教材连同学生回答问题的课卷一并寄给学员。第二步，学员接到教材后，在讲义的指导下认真自学，如有疑问及询问事宜，均需写在课卷纸上通过邮局寄出；社里陆续发给讲义，学员依照讲义中所列的习题做作业，分几次邮寄。第三步，教员认真为学员的"课艺"批改、打分并答疑后，再把课卷寄回。第四步，函授学社根据学员的每一次作业得分以及最后一次提交的英语作文成绩，给出毕业成绩，达到一定的要求，方允许毕业，并发给毕业证书或结业证书。第五步，若要参加年度的奖学金评比，学员须再把"课艺"再寄给学社[7]123。

尽管上述教学过程比较完善，但却缺乏集中面授的机会，尤其是英文科教学有着不同于其他学科的特殊性，特别是对于没有任何英语基础的初学者而言，仅仅通过纸质媒介是无法完成语音及口语教学的，只有通过两种途径来解决这一难题，要么通过电子媒介，要么依赖人工传授。在当时的历史背景下，电子媒介只有留声机片和无线电广播。中国最早的一套语言留声机片是由中华书局于1920年8月制作成功、1921年2月正式对外发售的《中华国音留声机片》。中国第一套英语留声机片是由上海得胜留声机器公司在1924年8月发行的《英语正音机片》，这套机片由著名外语教学专家、商馆函授学社英文科主任周越然发音。随后，商务印书馆于1926年4月发行了《英文留声机片》，这是中国近代民营出版机构发行的最早的一套英语机片。上述三套语言机片都有配套的教材出版，后两套机片是专门针对国人练习英语发音与会话而制作的[10]。直到1933年8月，中华书局在众多民营出版机构中率先与上海永生电台合作教授英语，这是目前已发现的中国最早的空中英语教学方式[11]。由此可见，在函授学社办学初期，要想通过电子媒介解决学员发音问题是根本不可能的，只有通过人工面授这唯一的教学途径了。

现在问题产生了，为解决发音难题，商馆函授学社英文科是否为学员提供过面授的机会呢？在笔者于2008年撰写专文探讨英文科办学详情之期间，苦于受资料的所限，无法找到足够的证据来证明这一重要函授教学环节的存在。至今，我们所能够查阅的探讨函授学社的所有相关论文、著作都没有触及这个重要的环节。由于篇幅所限，在此，有关商馆函授学社的研究成果及其所引用的史料状况，请参阅《一份弥足珍贵的史料：一·二八事变后重订的〈商务印书馆函授学社简章〉》一文[12]。上述这个问题数年来一直困扰着我们，我们也从未放弃寻找、发掘相关史料的尝试。近日，当笔者在翻阅和整理近年来搜集的民国英语学习类杂志时，意外地在商务印书馆出版的《英文杂志》（月刊）上面发现了两份商馆函授学社英文科英语正音会简章，让人感觉颇为兴奋，随着这份史料的浮出水面，长时间困扰我们的难题就要迎刃而解了。鉴于这两份史料的重要性，很有必要给予全部的公布，其详情如下：

二、《英语正音讲习会简章》的介绍

第一届英语正音讲习会简章[13]：

一. 定名：上海商务印书馆函授学社英文科附设英语正音讲习会。

二. 宗旨：辅助函授学社英文科学员及其他青年之欲求英语发音之正确者。

三. 会所：借上海闸北宝山路宝兴里尚公小学校。

四. 教职员：会长邝富灼、主讲员周越然。

五. 定额：一百人分两班教授，额满不收。

六. 听讲券：每张三元，一次付清。惟函授学社英文科学员每张只售二元以示优待。

七. 报名：有志入本会讲习者务于阳历七月十日以前赴上海四马路棋盘街商务印书馆附设函授学社英文科报名处报名并购听讲券为凭。（远处函购亦可。惟函授学社英文科学员无论面购或函购必须声明其入学证书上之号数，始得减费之优待）

八. 讲习期：自民国八年七月二十七日起至八月十日止。星期日休息，每日每班授课一小时（或上午或下午临时规定）。

九. 教科书：初级英语读音教科书（每人各赠一册，不另取费）。

十. 膳宿：本会不供膳宿。

商务印书馆函授学社英文科第三届英语正音讲习会简章[14]：

一. 宗旨：辅助函授学社英文科学员及其他青年之欲求英语发音之正确者。

二. 会所：上海闸北宝山路宝兴里尚公小学。

三. 职教员：会长，邝富灼；干事长，周由廑；主讲员，周越然；通信员，马云鹏。

四．定额：四十人。

五．讲习期：自民国九年七月十九日起，至七月三十一日止。（即阴历六月初四至十六日。）星期日休息。

六．授课时间：每日上午八点钟起，至十点钟止。演讲一小时。实习半小时。

七．证书：会员之功课及格者均给以证书。

八．听讲券：每张三元半，一次付清。惟函授学社英文科学员，每张只售二元半，以示优待。（会员到会听讲，必须持听讲券为凭。无券者不纳，并不得顶替）

九．有志听讲者，务于民国九年七月十五日（阴历五月卅日）以前、赴上海四马路棋盘街商务印书馆函授学社英文科报名处报名，并购听讲券为凭。（远处函购亦可。惟函授学社英文科学员，无论面购或函购，必须声明其入学证书上之号数，始可得减费之优待。）

十．讲义：不另收费。

十一．膳宿：本会不供膳宿。

十二．附则：如报名听讲者，不满二十人，暂不开课。已购听讲券者，得凭券索回听讲费。

对上述两份简章有以下两点需要做出补充说明。

其一，第一届英语正音会简章公布后，在《英文杂志》上面没有找到第二届英语正音会简章，只发现了第二届的招生广告信息，细节情况如下，"证书：试验及格者均给以证书；报名：阴历正月十六日以前；讲习期：阴历正月十八日起至二月初一日止，每日两小时（下午八时至十时、星期日休息）"[15]。由此可以断定，除了上述的增加了一条证书发放规则和调整了报名、讲习期限以外，第二届英语正音会的基本制度应该与第一届相同；还有，函授学社英文科分别在一年的夏季和冬季举办两届英语正音讲习会，以后的历届讲习会都是这样安排的。

其二，《英文杂志》自从于1920年7月公布第三届英语正音讲习会简章之后，在以后的陆续发行的《英文杂志》上面再也没有找到相关的简章，只发现了有关历届英语正音讲习会的报名时间与讲习期限的招生广告信息，由此，我们可以这样估计，从1920年后其简章再也没有修改，应该一直沿用了下去。

三、《英语正音讲习会简章》的重要史料价值

综上所述，不难断定，这两份简章对我们研究商务印书馆史、中国远程教育史（包括函授教育史）和西方现代英语语音学在华传播史具有相当重要的史料价值，其详情如下：

1.已经出版的有关商务印书馆史研究的论文、著作在介绍和论及其多种经营或办学实践活动时，均都未提起其创办的英语正音讲习会。无疑，两份简章的发现为我们研究商务印书馆又平添了一份厚重的历史元素，增加了一道亮丽的风景线，这为商务印书馆被称为"大教育机关"的说法又多了一个极有说服力的佐证。根据函授教育的需要，商务印书馆创办了英语正音讲习会。合理收取一定的费用，既可以保证维持自身组织机构的正常运转，并推动了函授学社的发展，也为社会培养了一批英语专业人才，可谓是多方互赢的明智之举。

2.纵观这两份简章，仅仅从英语正音讲习会的正式"定名"层面上来看，它是为了专门针对函授学社英文科的教学事业而专门设置的一个下属机构，它的办会宗旨非常明确："辅助函授学社英文科学员及其他青年之欲求英语发音之正确者"，即在辅助函授学社英文科学员同时兼顾其他社会青年这方面的需求；购买听讲券的优惠对象也仅仅是函授学社英文科学员。显然，上述充分的证据显示，英语正音讲习会的开办的确是为函授学社英文科学员提供了一次极其重要的面授机会，长期困扰我们的问题终于找到了满意的答案。也就是说，商务印书馆从事的英语函授教育已经形成了独特的教学环节，主要包括自学、面授、辅导、答疑、作业、考试、毕业、奖励等重要环节。这些教学环节有机地联系起来，构成了一个较为完整的函授教学过程[16]130。现在，我们完全可以得出下列结论：商馆函授学社英文科已经形成了现代函授教育应该具备的重要教学环节，正式拉开了中国函授教育的序幕，这在中国远程教育史上具有里程碑的意义。

我国教育界普遍认为中国正式的函授教育发轫于商馆函授学社，持有这种观点的有代表性的论文有《我国远程教育的萌芽、创建和起步——中国远程教育的历史发展和分期（1）》[17]，《我国函授教育的产生和早期发展》[18]，有代表性的著作有《函授教育与管理》[16]11，但上述研究成果只是从其组织机构和办学模式上的层面考察而得出如此结论的，却未涉及其最

重要的一个考察层面，即函授教学环节。映入我们视域中的这份简章使我们有确凿的证据断定，无论是从商馆函授学社的外观形式上衡量，还是从其内部的教学环节上考察，商馆函授学社都标志着中国正式函授教育的肇始。

3.上述的两份简章对探讨西方现代英语语音学在民国初期的传播和推广具有非常重要的价值。现代英语标准发音体系自19世纪下半叶以来，大体经历了三个时期，每个时期都产生了一名具有国际影响的理论权威，以他们的名字可以这样称呼，分别是：Henry Sweet时期（1877—1917），Daniel Jones时期（1917—1967），A. C. Gimson时期（1967至今）。Sweet是现代英语音位理论与音位体系的奠基人。他的理论对清末民初英语教学的影响，由于历史的原因，现在难以详细查考。而Jones音位体系统治中国英语语音教学达80年之久。他是国际公认的20世纪最有影响的语音学家。所谓Jones音位体系，简单地说，有下列两个标准，其一：受过良好教育的英国南部人士使用的发音被视为英语标准语音；其二：采用当时通用的46个国际音标来标示读音，它们最先由商务印书馆引介到中国。翻阅最受欢迎的《牛津高阶英汉双解词典》（第六版），查看其附录九中的读音和音标部分，在页码的底端有一条这样的注释：本词典英语原版以Jones音标标示读音，将词典中列举的48个音标与商务印书馆于1918年介绍给国人的46个音标仔细比对，仅仅存在数量的稍微不同和个别音标书写方式稍有变化的差异，存在的上述差异也是由于Jones发音体系以后日趋完善的原因所造成的。商务印书馆在1918年出版了由外语教学专家周越然、使用英语编写的两本英语语音学教科书，即*A Primer of English Sounds*（《初级英语读音教科书》）和*An English Phonetic Primer*（《初级英语语音学读本》），开始向国人初步介绍和宣传Jones音位体系。就在同年，供职于商务印书馆编译所英文部的英语专家周由廑使用汉语所撰写的《英语语音学纲要》（*An Outline of English Phonetics*）以连载的形式被陆续刊登在《英文杂志》上面，系统、全面地向国人传播以Jones音位体系为核心的西方现代英语语音学理论知识，刊出后不久，教育界便对此反应强烈，好评如云。应社会各界的强烈要求，商务印书馆于1922年5月以单行本的形式正式出版《英语语音学纲要》，这是中国第一部汉语版现代英语语音学研究著作。由此可见，商务印书馆不失时机地把西方英语语音学的最新研究动态（即Jones发音体系）准确地引介到中国，这对西方现代语言学理论在华传播史和中国英语教学史都产生了极其深远的影响。此后，我国出版界日益关注以Jones音位体系为核心的西方现代英语语音学理论发展动态，从1922年11月以后，中华书局、世界书局、开明书店等民营出版机构先后纷纷出版相关著作，为现代英语语音学在华的传播和推广做出了重要贡献[19]。

由上述可知，在民国初期，商务印书馆所出版的英语语音学著作仅仅从理论的层面为广大外语教师自身语音学素养的整体提升提供了必要的条件，但是由于语音教学的特殊性，如前所述，它必须通过两种途径，即电子媒介和人工口授，才能切实使受众对象掌握和运用这种标准发音体系，仅仅凭借纸质媒介是无法从根本上解决问题的。而中国第一套英语留声机片在1924年8月才问世，在当时的时代背景下，只有通过人工口授这唯一的途径了。根据上述简章，英语正音讲习会所使用的、上述提到的《初级英语读音教科书》（*A Primer of English Sounds*）介绍的正是Jones发音体系；它的会长是商馆编译所英文部主任邝富灼，主要教职员周越然和周由廑均是当时的万国语音学会会员，他们都是深谙英语语音学的外语教学专家，雄厚的英语师资为保证讲习会的教学质量提供了必要前提条件，从中也可以看出商务印书馆函授学社高度重视讲习会的教学态度。

引人注意的是，上述简章显示，讲习会的授课时间被安排在寒假或暑假期间，可见，这种安排显示出了强烈的对象针对性，明显是考虑到了教育界师生的需求和时间保证，因为在函授学社英文科学员中，中等及初等程度学校的师生人数占据了相当高的比例[3]113-114。根据修改后的第二份简章规定，学员人数控制在40人以内；教师演讲1小时、学员实习半小时，上述规则非常符合语音教学的规律，小班上课有利于师生、学员之间的互动、交流；讲练结合有助于提高语音教学的效率。第二份简章还添加了一个重要的规则，即"会员之功课及格者均给以证书"，此项制度的设置不但可以充分调动学员的学习积极性，提高教学质量；而且，由于商务印书馆在学界具有很高的信誉度和影响力，取得证书的学员的资质也容易被社会认可，这对促进现代英语语音学在华的传播是大有裨益的。

教师和学生在讲习会接受过训练后，在特殊的工作和学习环境中，他们都成为重要的语音学传播源头，他们扮演的角色赋予他们具有强大的传播和辐射功能，其受众对象将会呈现出几何倍的增长。在民国初期，我国广大教育界普遍上对以Jones发音体系为核心的现代英语语音学都是知之甚少的，英语正音讲习会的开办在实践的层面上为外语教师和学生在课堂上切实开展语音教学实践活动提供了必要的技术指导和操练技巧，从而很好地弥补了纸质媒介的不足和缺陷。

英语正音讲习会简章的制定为保证其教学管理的顺利开展和办学效益的提升提供了有效的制度保障。刊登在《申报》的教育界消息对英语正音讲习会招生规模进行了简短的报道："商务印书馆创设英语正音会，每届百人，二星期卒业，兹已二届。目前开课，听讲者已俞百人。"[20]根据前述的第三届英语正音讲习会简章的规定，名额应控制在40人以内，但是由于商务印书馆函授学社英文科学员报名人数太多，实际上参加第三届讲习会的人数为"男女同学六十余人"。《申报》对其取得的显著教学效果做出这样的评价："周越然主讲，课期只有两周，而学员于读音已受益不浅。"[21]

综上所述，英语正音会简章的发现，为我们探寻近代民营出版机构在西方现代英语语音学在华的传播过程中所起到的重大作用提供了极其宝贵的史料依据。简章所蕴含的信息已经充分说明，在现代英语语音学在华传播的早期阶段，商务印书馆不仅从理论层面上，而且在实践层面上都为向广大社会民众引介和推广英语语音学做出了开拓先锋的突出贡献。语音、词汇和语法研究是现代语言学研究领域中的三个重要的分支，而语音学是一个最接近自然科学、处于最基础位置的语言学分支部门。可以毫不夸张地说，商务印书馆不愧是传播西方现代语言学的一座重镇。

参考文献：

[1]李伯嘉. "一·二八"后的商务印书馆[G]//商务印书馆编辑部. 商务印书馆九十五年. 北京：商务印书馆，1992.

[2]庄俞. 三十五年来之商务印书馆[G]//商务印书馆编辑部. 商务印书馆九十五年. 北京：商务印书馆，1992.

[3]丁伟. 民国时期（1915年—1930年）商务印书馆附设函授学社的英文科（上）[J]. 广西社会科学，2008（9）.

[4]上海宝山路商务印书馆函授学社添设二科：国语科、算学科[N]. 申报，1922-02-04（3）.

[5]新商业、人才、智识——上海宝山路商务印书馆函授学社商业科启[N]. 申报，1923-05-19（2）.

[6]商务印书馆函授学社增设国文科、招收学员[N]. 申报，1925-02-04（4）.

[7]丁伟. 民国时期（1915年—1930年）商务印书馆附设函授学社的英文科（下）[J]. 广西社会科学，2008（10）.

[8]上海市教育局登记私立商务印书馆函授学校国文科、英文科招生[N]. 申报，1935-02-24（5）.

[9]田正平. 总前言[M]//田正平. 留学生与中国教育近代化. 广州：广东教育出版社，1996：11.

[10]丁伟. 中国最早的一套语言留声机片——中华书局出版的《中华国音留声机片》[J]. 编辑之友，2011（9）：109.

[11]丁伟. 中华书局与民国时期30年代社会"基本英语"教育运动初探[J]. 澳门理工学报，2009（4）：129.

[12]丁伟. 一份弥足珍贵的史料：一·二八事变后重订的《商务印书馆函授学社简章》[J]. 出版史料，2011（3）：91-92.

[13]英语正音讲习会简章[J]. 英文杂志，1919，5（6）：书首黑白插页.

[14]商务印书馆函授学社英文科第三届英语正音讲习会简章[J]. 英文杂志，1920，6（7）：书首黑白插页.

[15]商务印书馆函授学社英文科第二届英语正音讲习会[J]. 英文杂志，1920，6（2）：书末黑白插页.

[16]赖春明. 函授教育与管理[M]. 北京：解放军出版社，1989.

[17]丁兴富. 我国远程教育的萌芽、创建和起步——中国远程教育的历史发展和分期：1[J]. 现代远距离教育，2001（1）：6.

[18]陈斌. 我国函授教育的产生和早期发展[J]. 教育史研究，2004（4）：31-34.

[19]丁伟. 民国时期第一部汉语版现代英语语音学研究著作——周由廑《英语语音学纲要》[J]. 理论月刊，2012（11）：67-72.

[20]教育消息——商务印书馆英语正音会将行聚餐会[N]. 申报，1920-03-17（11）.

[21]教育消息——商务印书馆英语正音讲习会开会式[N]. 申报，1920-08-02（11）.

（原文载《文史博览·理论版》，2011年第10期）

上篇 函授教育文献史料专题研究

一份弥足珍贵的史料：一·二八事变后重订的《商务印书馆函授学社简章》

摘要：考察和回顾学界对商务印书馆函授学社的研究现状，指出所引用文献资料的缺陷和不足；通过公布考察一·二八事变后重订的《商务印书馆函授学社简章》，从而论证了其对于研究中国近代出版史、函授教育、职业教育及社会教育史所具有的弥足珍贵的史料价值。

关键词：一·二八事变；《商务印书馆函授学社简章》；出版史；函授教育史

一、引言

商务印书馆成立于1897年2月，中华民国成立之后，依据当时民国社会之实际需求，该馆依托于其丰富雄厚的媒介平台，充分发挥其人才智力资源的优势，于1915年3月创立中国第一家英语函授学社，随后于同年7月开始面向社会招收，正式创办函授教育，成为近代中国函授教育之滥觞。《教育杂志》称商务印书馆附设函授学社"为国内历史最久，设备最善，成绩最著之补习教育机关"[1]125。1926年9月29日出版的《东方时报》对"商务书馆函授毕业学员之状况"做出如下报道："上海商务印书馆函授学社，在我国创办最早，历年毕业学员，截至本年八月份，共得四千二百三十二人，其中毕业于英文科者，占三千九百五十二人。该社现方调查毕业学员状况，其业已调查明确者，约有五百余人，皆在军、政、商、学各界担任职务。"[2]商务印书馆函授学社办学数十年，为民国社会工、商、学、政界培养了一大批"知识+技能"型的复合型人才，有力地促进了民国现代化事业的发展。鉴于商务印书馆函授学社在历史上曾经取得过辉煌的业绩，探讨和研究商务印书馆函授学社的成功办学实践活动及其经验，对研究中国近代出版史、函授教育史、职业教育史及社会教育史都具有重要的价值和意义。

学界对商务印书馆函授教育的研究保持了较高的关注，探讨商务印书馆函授教育的有代表性的相关著作有：《函授教育与管理》[3]、《从印刷作坊到出版重镇》[4]、《商务印书馆与中国近代文化》[5]、《出版与近代文明》[6]、《中国出版通史》[7]；有代表性的相关论文有：《中国早期函授教育的产生和发展——商务印书馆函授教育的历史回顾》[8]、《中国早期函授教育的形成和发展研究》[9]、《我国函授教育的产生和早期发展》[10]、《民国时期（1915年—1930年）商务印书馆附设函授学社的英文科》（上）[11]、《民国时期（1915年—1930年）商务印书馆附设函授学社的英文科》（下）[1]122-127。此外，中国知网公布的少量硕博论文也论及商务印书馆函授学社，其中代表性的有：《论商务印书馆早期的文化产业运作（1902—1932）》[12]、《近代中国民营出版业研究》[13]，还有一篇博士论文没有被中国知网所收录但被收藏于中国国家图书馆：《商务印书馆与中国近代教育（1897—1937）》[14]。

上述论著所引用的文献资料主要来自于以下两个方面：（1）其绝大多数的核心资料都来自下述的四篇史料类文章，分别是：王步贤于1919年发表于《教育杂志》上的《参观商务印书馆英文函授学社记略》；外语教育家葛传椝撰写的《我与商务印书馆》，收录于商务印书馆于1987年编写的《商务印书馆九十年》一书中；唐锦泉撰写的《商务印书馆附设的函授学社》，收录于商务印书馆于1992年编写的《商务印书馆九十五年》一书中；严天牟所写的《中国之函授学社》，发表于1918年《东方杂志》上。（2）一部分资料来源于刊登于《申报》和商务印书馆主办的《教育杂志》《小说月报》等报刊上面的招生广告和通告。

上述文献资料存在的共同不足点如下：①时间段的不足，大部分记录的都是函授学社早期的办学情况；②主要限于以英文科为考察中心，其他科目言语不详；③资料零散、不完整、不系统；④各种资料往往简单地重复再现，彼此之间缺乏互补性；⑤撰述类的史料往往不够精确和准确。尽管已经发掘出了刊登于《英语周刊》上的有关商务印书馆兴办函授教育的六个"小史"，在一定程度上弥补了上述史料的不足[15]，但涉及函授学社的一些重要的教学管理层面，如一套完整的各科、各级课程设置体制、教材与讲义编写及发放详情、函授学社的组织情况、学习期限、报名入社规则、缴费制度、改科及改级制度、课艺及质问制度、毕业及奖励制度、优待制度、评选课艺规则等均没有被提起或被详细介绍。毕竟已发现的资料都是撰述类和报刊类史料，始终缺乏第一手的原始档案史料，只有找到商务印书馆编制的《函授学社简章》，上述种种悬而未解的问题才能得以破解。查遍中国国家图书馆、上海图书馆、广东图书馆和浙江图书馆（这四家图书馆无论藏书的总量，还是收藏民国时期的书籍和报刊的总量都在全国均前列），都没有发现在任何历史时期商务印书馆函授学社编订的《商务印书馆函授学社简章》。经过苦苦寻觅，一次偶然的机会，终于在旧书市场见到了一份于一·二八事变后重新修订的《商务印书馆函授学社简章》。这份简章共计二十一页，其型号规格为32开，鉴于这份资料具有弥足珍贵的史料价值，很有必要将其给予完整的公布，详情见下文。

二、一·二八事变后重订的《商务印书馆函授学社简章》详情

本社自遭一·二八之变，讲义尽付劫灰，社务停顿，历半年之久。在此半年之中，各界慰勉交至，而敦促恢复之书，尤不可胜数。本社念往日薪学者之众，与现在属望者之殷，允宜积极进行，以副国人之期许。兹先恢复国文、英文两科，并定章程如左：

第一章　定名

第一条　本社定名为商务印书馆函授学社（英文名曰The Commercial Press Correspondence Schools）。设国文、英文两科：曰商务印书馆函授学社国文科（英文名曰The Commercial Press Correspondence Schools：Schoolof Chinese），曰商务印书馆函授学社英文科（英文名曰The Commercial Press Correspondence Schools：School of English）。

第二章　宗旨

第二条　本社宗旨，在辅助不能入校修业者，或在校修业而欲增进其程度者，使各具有国文学或英文学必要之智识，并能撰述应用之文字。

第三章　组织

第三条　本社设社长一人，副社长一人，事务主任一人，每科设科主任一人，并教职员若干人担任改课、答问及通信等事宜。

第四条　本社课本讲义皆请海内国文学及英文学专家编撰而成。

第四章　课程

一、国文科。

第五条　国文科分初、中、高三级，其课程如左：

（甲）初级：一、读本文法作文合编，十六册；二、尺牍教本，四册；三、程式文范本，二册；四、书法教本，二册（楷书及行书），以上为课本；五、读书法讲义，一册；六、字源学讲义，一册，以上为讲义。

（乙）中级：一、读本，十二册；二、文法，六册；三、作文，二册；四、尺牍教本，四册；五、程式文范本，三册；六、书法教本，二册（楷书行书及草书），以上为课本；七、文学小史讲义，一册；八、文学概论讲义，一册；九、小说概论讲义，一册；十、论理学浅说讲义，一册；十一、英文汉译法讲义，一册，以上为讲义。

（丙）高级：一、读本，十册；二、文法，六册；三、作文，三册；四、名人尺牍选本，四册；五、程式文范本，三册；六、书法教本（各体书法），二册，以上为课本；七、经学概论讲义，一册；八、史学概论讲义，一册；九、诸子概论讲义，一册；十、集部概论讲义，一册；十一、诗学概论讲义，一册；十二、词曲概论讲义，一册；十三、英文汉译法讲义，一册，以上为讲义。

第六条　课本在使学者熟习应用文字之技术，概用文言编纂；惟初级文法之注解，则用语体，讲义辅助课本，使学者略知国文学之门径，其文字兼用语体文与浅近之文言文。

第七条　径入中级肄业者，补给初级讲义；径入高级者，补给初、中两级讲义；惟课本概不补给。

第八条　英文汉译一道，不特可为练习翻译之指导，且可以比较印证之法，辅助国文学之进步；惟是项课程，专为已习英文之学员而设，不习者听（旧读ting，四声，意思为：听凭，任凭）。

二、英文科。

第九条　英文科分正科（Regular Course）与选科（Special Course）部；正科分四级，选科分九门，其课程如左：

正科：（甲）第一级First Grade，1.习字Penmanship，四十面；2.读音及拼法Phonetics and Spelling，五册；3.读本English Reader，十册；4.简易文法Language Lessons，六册；5.会话Easy Conversation，五册；6.简易造句Easy Sentence Formation，三

册；7.翻译简易句语Translation of Easy Sentences，六册；8.记字法How to Remember Words，三册。

（乙）第二级Second Grade：1.习字Penmanship，四十面；2.读本Reader，八册；3.文法撮要English Grammar Simplified，八册；4.会话Conversation，六册；5.造句法Sentence Formation，八册；6.翻译Translation，六册；7.大写法·点句法Capitalization and Punctuation，五册；8.短篇作文Short Composition，三册。

（丙）第三级Third Grade：1.读本Reader，六册；2.文法Elements of English Grammar，十二册；3.作文Composition，五册；4.会话Conversation，六册；5.故事选录A Selection of Famous Stories，四册；6.信札Letter Writing，六册；7.翻译Translation，六册；8.新闻译例Examples of News Translation，五册。

（丁）第四级Fourth Grade：1.文学史略Notes on History of English Literature，六册；2.修辞学及作文Rhetoric and Composition，六册；3.文选Selections from Famous Writers，五册；4.英文习语之研究Studies in English Idioms，六册；5.信札Letter-Writing，六册；6.翻译新闻News Translation，五册；7.翻译文件Translation of Documents，六册；8.参考书Reference Books，etc.，五册。

选科：（甲）读本Reading，由初级起至高级止，附记字法，共二十七册；（乙）初级文法Elementary Grammar，附记字法，共十七册；（丙）高级文法Advanced Grammar，附习语之研究，共十八册；（丁）造句Sentence Formation，自浅易造句起至短篇作文止，附记字法共十七册；（戊）修辞学及作文Rhetoric and Composition，附大写法·句读法共十六册；（己）文学Literature，包括文选及文学史，并附参考书，共十六册；（庚）信札Letter-Writing，由浅入深，共十二册；（辛）初级翻译Easy Translation，自简易译句起至新闻译例止，附记字法，共十二册；（壬）高级翻译Advanced Translation，自寻常之件起至新闻及文件止，共十七册。

第十条　正科课本由浅入深，难解字句，皆有汉文注释。每级教材，约抵寻常学校一年半至二年之功课。凡略识英文者，欲求深造，应入正科。正科毕业后，英文书报之阅读，信札之写作，普通文字之撰述，皆可能之。选科九门，以正科之课本配合而成，凡曾习英文者，如觉某门功课最为欠缺，即择一门或二门而补习之，其收效甚大。

第五章　入学程度及修业期限

第十一条　入国文科初级肄业者，须有与初级小学毕业同等之程度，或能领会极浅近之语体文；中、高级入学程度准初级递进。

第十二条　入英文科正科第一级肄业者，须粗解国文，略能读英字拼音（不识英文字母者，可先请人教授本社所编之《英字切音》一书。此书可向商务印书馆及各省分馆购买，每册定价一角五分，约计二十四小时可以读毕，读毕后即可报名入第一级）。二、三、四级准第一级入学程度递进。

第十三条　入英文科选科肄业者，英文须稍有根底。

第十四条　英文科正科每级修业期限二年；国文科每级及英文选科每门修业期限一年；均自本社填给入学证书之日起算。

第六章　报名入社

第十五条　有志入本社肄业者，勿论何时，均可择定一科，并自审程度合于某级，或需要某门，填明本社所印成之空白志愿书（如未收到空白志愿书，可向本社函索），连同学费，寄交本社，或托各省各埠商务印书馆分馆代交亦可。

第十六条　学员报名缴费后，本社即寄发课本及讲义，并附修业规则及入学证书。

第七章　学费

一、国文科。第十七条　本社国文科学员，每人应纳学费如左：

（甲）一次缴清。初级十四元；中级及高级每级十八元。（乙）二次缴清。初级报名时缴八元；入社后第六个月之尾缴七元。中级及高级于报名时缴十元；入社后第六个月之尾缴九元。（丙）四次缴清。初级于报名时及入社后之第三、第六、第九个月之尾各缴四元。中级及高级于报名时及入社后之第三、第六、第九个月之尾各缴五元。（丁）英文汉译。中级与高级学员，如兼习英文汉译，每级应另缴学费四元，皆一次缴清。

二、英文科。

第十八条　本社英文科正科学员，每人应纳学费如左：

（甲）一次缴清。第一级二十元；第二级、第三级、第四级每级三十元。（乙）二次缴清。第一级于报名时及入社后第六个月之尾各缴十一元。第二、第三、第四级于报名时及入社后第六个月之尾各缴十六元。（丙）四次缴清。第一级于报名时缴八元；入社后第三、第六、第九个月之尾各缴五元。第二、第三、第四级于报名时缴十元；入社后第三、第六、第九个月之尾各缴八元。（丁）十二次缴清。第一级按月预缴二元；第二、第三、第四级按月预缴三元；皆缴足十二个月为止。

第十九条　本社英文科选科学员，每人应纳学费如左：

（甲）读本，六元；（乙）初级文法，八元；（丙）高级文法，八元；（丁）造句，八元；（戊）修辞学及作文，十二元；（己）文学，八元；（庚）信札，十五元；（辛）初级翻译，十元；（壬）高级翻译，十二元。选科学费，皆须一次缴清。

第二十条　本章学费，均指上海通用银元。如所缴之币非上海通用银元，须照兑换上海通用银元之市价贴水。邮票代现作九五折计算。

第二十一条　学员中途退学，其已缴之费概不退还。

第八章　讲义之发给

第二十二条　本社各级课本及讲义，均分订数十小册，极便携带，发给学生，并不取资。

其发给之规则如左：

（甲）学费一次缴清者，课本及讲义一次发讫；（乙）学费分次缴纳者，课本及讲义分次发给；（丙）分期缴费之学员，如预备早日修完一级，将学费提前缴纳，本社课本及讲义亦可提前发给。

第二十三条　国文科中级或高级学员之兼习英文汉译者，除发给英文汉译讲义外，另发中级或高级练习题一册。

第九章　改科及改级

第二十四条　学员报名入社后，如因程度不合，欲改入他级、他门或他科，须于接到课本后一星期内通知本社，并将所收到之课本、讲义及入学证书，连同手续费及邮费银一元，寄还本社。本社收到后，即改发他级、他门或他科课本、讲义及入学证书。

第二十五条　改科、改级或改门时关于学费之办法如左：

（甲）学费相等者，只于退还课本等件时，加缴手续费及邮费银一元；（乙）学费不足者，应于手续费及邮费银一元外加缴应补之学费；（丙）学费溢出者，除去应缴之手续费及邮费银一元外，其溢出之数，由本社以礼券（礼券用法详载券上）发还。

第二十六条　学员既作课艺，并经本社阅定之后，如须改科、改级或改门，本社须于手续费及邮费之外，酌取改课费。

第二十七条　学员之改科、改级或改门者，如课本、讲义业已用过而有污损痕迹者，须另补课本及讲义费。

第十章　课艺及质问

第二十八条　本社各科各种课本，均设有练习功课，学员须一一演答，寄由本社教员阅定发还。

第二十九条　国文科中级及高级学员，除上条之练习功课外，并须于修业期限之内，作长文十二篇，寄由本社改正发还。作文规则于寄发第一次课本时附寄。

第三十条　学员对于课本及讲义如有质问，可用课艺纸录出，寄请本社答复。

第三十一条　无论何科学员，其练习、作文及质问，字体务须端正，文字务求清显。（国文科学员，概须用文言文，并新式标点。）如系质问，尤须于每问之后，多留空白地位，以备教员写答。

第三十二条　学员作课艺所用之纸，应向本社购买，以归一例；定价如左：

（甲）国文科。课艺纸每份一百张，连封套四十个，售银五角。习字纸每份一百张（大楷六十张，中楷四十张），连封套四十个，售银六角。邮费外加。

第十一章　邮费及汇款

第三十三条　除第二十四条所规定之手续费及邮费，与第三十二条课艺纸习字纸之邮费外，凡本社寄发之件，如课本、讲义及阅定课艺之邮费，概由本社担任。惟学员之居住蒙古、新疆及其他邮件须经过外国土地始得达到之处，以至旅居海外各国者，均须视所缴之学费，加缴一成为邮费。

第三十四条　学员寄社之件，务须贴足邮票，以免遗失。

第三十五条　外埠学员付款，可就近托商务印书馆分馆代汇，或托银行或邮局汇交。倘用钞票或邮票封入信内，遇有遗失或被罚等情，本社概不负责。

第十二章　毕业及奖励

第三十六条　学员修完一级或一门功课时，本社将其平日成绩分数结算。如平均在七十分以上，本社给以修业证书。其在国文科高级及英文科正科第四级毕业者，则给以毕业证书。

第三十七条　本社印有极静雅之英文毕业证书，装入纸制圆筒，以便寄递。英文科正科第四级毕业学员，如须本社加给此项英文毕业证书，须纳证书费银两元。

第三十八条　第三十六条所规定之毕业证书上，应贴有本人相片一枚。学员于毕业时，应备四寸半身相片二枚寄社，一枚存社中，一枚贴证书。

第三十九条　毕业证书上须贴印花税三角。学员可自备寄社，或将费寄下，托本社代办。

第四十条　学员修完一级功课，成绩在九十分以上者，本社给以奖品；未满六个月而修完一级，成绩在九十分以上者，除奖品外，本社更给以奖证。英文科选科学员成绩在九十分以上者，本社亦给以奖品。

第十三章　优待

第四十一条　本社为鼓励升学起见，订定优待办法如左：

（甲）英文科正科学员修完一级后升入他级，本社减收学费银五元。减收之数，凡学员之照第十八条（甲）（乙）（丙）三项付费者，皆于第一次应缴学费内扣除；其照（丁）项付费者，则于最后之两期内扣除。

（乙）英文科选科学员，同时兼修二门，与修完一门后再修他门，或转入正科之任何一级，本社皆减收学费银二元。于第一次应缴之学费内扣除。

（丙）国文科学员修完一级升入他级，本社减收学费银三元，于第一次应缴之学费内扣除。

（丁）英文科学员报名国文科，或国文科学员报名入英文科，本社均减收学费银二元，于第一次应缴之学费内扣除。

第十四章　奖金

第四十二条　学生之富于自治力者，莫若函授学社之学员。本社为鼓励此种自治力起见，每年举行评奖二次，于国文科及英文科正科各级毕业学员中，择其成绩最佳者，每级三名，薄给奖金。奖金之支配如左：

（甲）国文科。初级第一名二十元，第二名十五元，第三名十元。中级及高级第一名三十元，第二名二十元，第三名十五元。共奖现银一百七十五元。

（乙）英文科。第一级第一名三十元，第二名二十元，第三名十五元。第二级、第三级、第四级第一名五十元，第二名三十元，第三名二十元。共奖现银三百六十五元。

第四十三条　评选方法以左列诸点为标准：

（甲）答案适当。（乙）课卷清洁。（丙）课艺早完。以上三项共作百分：（甲）项占五十分，（乙）项占二十分，（丙）项占三十分。（甲）（乙）两项由教员全体评定，（丙）项以在六个月内修完全级功课者为足三十分之数；逾限者每十日扣一分，不足十日亦作十日计算。

第四十四条　上述六个月之期限以填给入学证书之日为始至收到最后一次之课艺为止，告假间断，不得折除。惟国内如川甘云贵等省，国外如南洋群岛及欧美各国，邮件往还，颇费时日，本社各视其地之远近，酌扣邮件寄递所占之时日。

第四十五条　学员参与评奖，应将本社所阅定寄还之课艺，按照讲义内之练习，检点无缺，挨次叠齐（国文科中级及高级学员，须连同第二十九条所规定之长文），合订成册，挂号寄社。其零落不全，或分批零星寄下者，一概不收。

第四十六条　本社收受上条评奖课艺之日期，规定如左：

（甲）国文科。每年十一月一日起至十二月三十一日止。（乙）英文科。每年五月一日起至六月三十日止。

第四十七条　学员寄评奖课艺时，封面上务须写明"评奖课艺"及"某科某级毕业学员某某寄"字样，并附邮费银二角，以作评奖揭晓后本社寄还评奖课艺之用。

第四十八条　评奖课艺经本社评定后，即登报揭晓。揭晓之日期如左：

（甲）国文科。三月一日以后，十日以前。

（乙）英文科。九月一日以后，十日以前。

第四十九条　奖案揭晓后，本社即通知得奖者。缮具收条寄社，附以修业或毕业证书，经本社检查无误，即将奖金汇寄。

第五十条　奖案揭晓后，得奖者应于六个月之内领取奖金；逾期不领，本社即将该项奖金取消。

第十五章　通信

第五十一条　学员与本社通信，应寄上海河南路商务印书馆函授学社报名处转交。

第五十二条　学员与本社通信，每次均须开明本人姓名及详细地址。国外学员，兼须开明外国地址。地址不详之来信，恕不答复。

第五十三条　学员地址如有更改，或旅行他处，务须随时通知本社，以便将讲义及阅定之课艺改寄。

第四十六章　附则

第五十四条　本社课本，编纂审慎，注解详明，学员得之，悉心研读，无须别购同类课本，自能明白了解。惟参考书如词典之类，务须自行购备。

第五十五条　本社各种课本及讲义，并不出售。惟学员之非按级递升者，如须补购低级课本及讲义，或偶有遗失而欲补配者，亦可从权办理。[16]

三、结语

显然，这份《函授学社简章》具有下列重要史料价值：

1.经过1932年一·二八事变的大轰炸后，商务印书馆遭遇国难，几乎所有的建筑都被夷为平地，但在"为国难而牺牲，为文化而奋斗"的复业之标语的激励下，经过半年艰苦工作，商务印书馆于8月1日毅然复业[17]，其附属的一个重要社会教育机构——函授学社亦不例外，秉承商务印书馆"吾辈当以辅助教育为己任"的出版教育理念，亦宣布正常运转。如果说商务印书馆的迅速复兴堪称创造了世界出版史和文化史的一个奇迹，那么，毫无疑问，重新修订的《函授学社简章》就是证明这个奇迹的一个最好的佐证之一。

2.既然是重订，就一定在很大程度上传承了以前的办学章程，这份简章就具备了解读民国时期30年代以前和以后的函授学社办学情况的双重史料价值。这份简章首次向我们展示了1930年后的一份完整的英文科各级各科与国文科各级的课程设置及教材编写情况，它传达了这样一个重要讯息，其开设的语言课程凸显了语言的知识性、技能性与职业性，兼顾升学、就业和研究的三重需要，尤其是国文科的课程设置情况极具宝贵的史料价值，因为已经发现的史料都鲜有论及。

3.自从1930年以后，在已发现的前述报刊所刊登的广告中，很难再找到有关函授学社的信息，虽然唐锦泉在《商务印书馆附设的函授学校》一文中几乎占用一半的篇幅回忆了一·二八事变后的办学情况，也仅仅只有这份史料论及，但在1930—1937年间的有关办学事宜几乎没有提起，却直接回忆了1938年6月函授学社被扩充为函授学校的具体情况，可以说，这段重要的历史图景处于真空的状态，无疑，所公布的这份简章在一定程度上弥补了这一历史图景的缺失。

4.这份简章使我们全面了解了函授学社灵活多变、富有弹性的教学体制及课程设置、改科及改级、毕业及奖励、缴费、优待等制度，突破了所有已发掘资料的藩篱，这彰显了商务印书馆函授学社既充分考虑到了广大中下层民众在职业需求、知识水平、经济状况、兴趣爱好、适应能力及就业趋向等方面的个体差异，又顾及了维持自身机构正常运转的经济基础，这一做法对当今的成人教育具有启发和借鉴意义，当然，这也体现出了函授教育的灵活性大、适应面广、惠而不贵的本质特点。20世纪30年代以后，商务印书馆函授学社依然在众多的函授机构中独占鳌头，考察其成功背后的原因，应该说多种历史元素交相互融的结果，但这份重新修订的简章所蕴涵的超前的"以人为本、服务于社会"的职业教育、社会教育办学理念绝对是一份极其重要的因素。

历史图景的复杂性和多维性远远超出我们的想象，随着一份份新史料的逐渐浮出水面，历史图景所描绘的轮廓也就越发清晰，我们也就能更加接近历史的真相，但是由于时空的不可逆性，也许我们永远都无法完全还原历史的真相，我们只能无限地接近历史的真相，这也许正是历史的魅力所在。

参考文献：

[1]丁伟. 民国时期（1915年—1930年）商务印书馆附设函授学社的英文科：下[J]. 广西社会科学，2008（10）.

[2]教育界——商务书馆函授毕业学员之状况[N]. 东方时报，1926-09-29（9）.

[3]赖春明. 函授教育与管理[M]. 北京：解放军出版社，1989：11-12.

[4]吴相. 从印刷作坊到出版重镇[M]. 南宁：广西教育出版社，1999：205-207.

[5]史春风. 商务印书馆与中国近代文化[M]. 北京：北京大学出版社，2006：144-145.

[6]王建辉. 出版与近代文明[M]. 开封：河南大学出版社，2006：76.

[7]王余光，吴永贵. 中国出版通史：民国卷[M]. 北京：中国书籍出版社，2008：230-231.

[8]肖永寿. 中国早期函授教育的产生和发展——商务印书馆函授教育的历史回顾[J]. 四川师范学院学报（哲学社会科学版），1996（3）：91-94.

[9]张东. 中国早期函授教育的形成与发展研究[J]. 浙江教育学院学报，2004（4）：46-51.

[10]陈斌. 我国函授教育的产生和早期发展[J]. 教育史研究，2004（4）：31-34.

[11]丁伟. 民国时期（1915年—1930年）商务印书馆附设函授学社的英文科：上[J]. 广西社会科学，2008（9）：111-118.

[12]林君. 论商务印书馆早期的文化产业运作（1902—1932）[D/OL]. 武汉：华中师范大学，2006[2011-09-25]. https：//kns. cnki. net/kcms/detail/detail. aspx?dbcode=CMFD&dbname=CMFD0506&filename=2006078120. nh&uniplatform=NZKPT&v=mtXSWC6xXZz_CAr1VG2B1qQkGg64M90sQtatjZNbAONyZlPUUKoR-rcgLDqS-kq0.

[13]黄宝忠. 近代中国民营出版业研究[D/OL]. 杭州：浙江大

学，2007[2011-09-25]. https：//kns．cnki．net/kcms/detail/detail．a
spx?dbcode=CDFD&dbname=CDFD9908&filename=2007050205.nh&uni
platform=NZKPT&v=GrjF7Iy9vJdqA_tihBeDi5KJF62yd7uIq7kNpvCfnUk
J0a6FKKYdBAbCMdwQL9GH.

[14]刘立德．商务印书馆与中国近代教育（1897—1937）[D/OL].
北京：北京师范大学，2008[2011-09-25]. http：//find．nlc．cn/
search/showDocDetails?docId=1815213905299472387&dataSource=u
cs01，bslw&query=%E5%95%86%E5%8A%A1%E5%8D%B0%E4%
B9%A6%E9%A6%86%E4%B8%8E%E4%B8%AD%E5%9B%BD%E8
%BF%91%E4%BB%A3%E6%95%99%E8%82%B2%EF%BC%881897
%E2%80%941937%EF%BC%89.

[15]丁伟．有关商务印书馆函授学社的史料钩沉[J]．职业教育研
究，2010（10）：158-159.[16]商务印书馆函授学社简章（内刊本）
[Z]．[出版地不详]：[出版者不详]，1932：1-21.

[17]王建辉．文化的商务[M]．北京：商务印书馆，2000：82.

（原文载《出版史料》，2011年第3期）

《申报》对一·二八事变后商务印书馆附设函授学社的记载

摘要：商务印书馆附设函授学社在中国早期远程教育史上占据着非常重要的位置，但是，对于其在一·二八事变后的办学情况的研究成果，至今仍然相当匮乏。1932年—1940年期间的《申报》对函授学社的办学经历有着较为详细的记载，弥补了已发现的相关史料的不足，这对研究中国近代的函授教育和职业教育都具有重要的史料价值。

关键词：《申报》；商务印书馆附设函授学社；史料价值

一、引言

我国正式的函授教育肇始于商务印书馆在1915年创办的商务印书馆附设函授学社，"商务印书馆默察我国社会情形，觉函授学校之设，足以辅学校之不及，而为失学者开一方便之门，因于民国四年创设本社，是为我国有函授学校之始。"[1]至1927年2月，商务印书馆函授学社"现设国文、国语、算学、英文、商业五科，有学员三万余人。在本社毕业因得充任各大机关的要职或进求高深学术者已三千二百余人"。"本社开办已十多年，目的在补助学校教育之不足，而予一般有志青年以知识和技能上的种种训练。"[2]其办学时间长达三十余年，直到1946年9月因缺乏教学管理人员而停办。[3]《教育杂志》称商务印书馆函授学社"为国内历史最久，设备最善，成绩最著之补习教育机关"[4]，堪称中国早期远程教育发展史上的一个丰碑，其在中国近代远程教育史上的重要地位是不言而喻的。无疑，商务印书馆函授学社极具个案研究价值。

至今，学界对于一·二八事变以前的商务印书馆函授学社关注较多，取得了一定的研究成果；但是，令人遗憾的是，对于其在一·二八事变后的教学实践活动的研究成果，至今仍然相当匮乏。由于篇幅所限，在此，有关商务印书馆函授学社的研究成果及其所引用的史料状况，请参阅《有关商务印书馆函授学社的史料钩沉》一文[5]。翻阅1932—1940年期间的《申报》，可以发现大量的有关函授学社的广告、通告、布告及新闻报道，它们对函授学社的办学经历有着较为详细的记载，这就为探究一·二八事变后商务印书馆函授学社的办学情况提供了宝贵的史料支撑，现在把已经发现和整理的相关史料公布于下：

二、1932年8月—1940年期间的专业设置情况

（一）重新开办英文科、国文科

令人痛心的是，凶残的侵华日寇悍然发动的一·二八事变使商务印书馆遭遇国难，几乎所有的建筑被夷为平地，其创办的函授学社亦不例外。在1932年2月—7月期间，受战争的严重破坏，函授学社不得不暂时停办。

在"为国难而牺牲，为文化而奋斗"的复业标语之激励下，经过半年的艰苦奋斗，商务印书馆于1932年8月1日毅然复业[6]，其附设的一个重要社会教育机构——函授学社亦随之宣布正式复校。函授学社决定首先恢复英文、国文两科，其他专业暂时停办，其详细处理方案如下：

> 查本馆所设函授学社英文、国文、商业、国语、算学五科，学员众多，自一·二八被难，该函授学社亦即暂行停办。现决定先恢复英文、国文两科，并规定办法如左：英文科学员在民国十九年一月廿八日以后入学者，及国文科学员在民国二十年一月廿八日以后入者，请于本月十七日起，九月底止，凭学费收条，或亲至或函寄本埠，法租界劳尔东路颐德坊第十八号本社事务所登记。经登记许可后，各该学员得于未满时期内，继续享有改卷答问各种权利。分期续费各学员及新入学学员，均请亲至或上海河南路商务印书馆发行所，或各分馆内函授学社报名处缴费及接洽。凡二十年一月廿八日以后缴费加入本社商业科、国语科或算学科之学员，修业期限尚未届满者，请于本月十日起，至九月底止，凭学费收据，向原收学费之上海河南路商务印书馆发行所，或各省馆内函授学社报名处领回未满期部分之学费。[7]

1933年5月，在上海市教育局注册后，经过批准，商务印书馆函授学社更名为上海私立商务印书馆附设函授学校[8]。至1935年7月，英文科、国文科的办学水平迅速回升，其办学规模持续扩大、办学效益日益显著。"本市商务印书馆函授学校，创设于民国四年，为国内历史最悠久、设备最完善之教育补习机关。原设有国文、国语、英文、算学、商业五科。商务总馆

复业后，该校以国文、英文二科为求一切学问最重要工具，亦先行恢复国文、英文两科；教材均由专家编撰，注解详明，极切实用。有志补习者，或二科兼习，或专习一科，均无不可。复课以来，新旧学员数达万人。改课解答，极为迅速详尽。补习者随时可以报名入学。印有入学简章，欢迎各界索阅。又该校向有奖学金办法，亦已按期举行。闻国文科已办两次。英文科第二次收受评奖券，本已过期，该校以各级学员行将来毕业者为数极众，故延长至七月三十一日为止，俾咸有参加机会云。"[9]

到了1936年5月，英文科"正科"（即"本科"，学历教育）已开设一、二、三、四共四个级别的办学层次，每级修完可以获得修业证书，四级读完可以获得相当于中等学历的毕业证书；又恢复以前曾经开办的"选科"（非学历教育），学员根据自己的兴趣和职业需求，任选一科或数科修习，毕业后可以获得单科修业证书。国文科的"正科"分为初、中、高共三级；在社会各界的强烈要求之下，亦"添设国文选科，适应需要，便于选习"[10]。"本市商务印书馆函授学校，创办已二十余年，成绩卓著，实为我国最完善之补习教育机关。该校现设国、英文两科，并于英文科内另设选科，学者称便。近应各界要求，决定于国文科内增设选科，予学者以任意选修之机会。五月一日起开始招收学员。印有简章，欢迎索阅。又该校奖学金办法，年必举行两次。五月一日起开始收受英文科第三次评奖课艺。凡该校英文科各级毕业学员，均可参加。"[11]

（二）增设日文科、图书馆学科

1937年7月，根据社会的发展实际需要，又同时增设了日文科和图书馆学科；为了激励社会各界有志之士尽快加入函授学校，并在一定程度上减轻其经济负担，专门制定了减收学费的具体规则。有关其创办历史背景详情、减收学费办法及收费具体情况如下：

本校创立迄今，瞬逾廿稔，国人自办之函授学校，当以此为嚆矢。历年毕业于本校者，数逾万人。办理成绩，久已蜚声海内外。一·二八之役，本校不幸被炸，停顿半年，旋因各界之慰勉敦促，即将国文、英文两科先行恢复。数年以来，各方函请举办他种科目者，纷至沓来。本校敢不益自奋勉，以副国人之期望。

兹鉴于近年来熟谙日语及图书馆学人才之需要日亟，爰添设日文科及图书馆学科，以便选习，并已呈准上海市社会局备案。各科课本之编纂，及改卷答问，均聘请专家担任。复依国文、英文两科例，设有奖学金，以资鼓励。现值两科开办伊始，特联合原设之国文科、英文科减收学费，征求新学员。有志进修之士，盍兴呼来！

减收学费期限：自二十六年七月一日起，至同年九月三十日止，边远各省展至十月三十一日止。减收学费办法：（1）凡在减费期内报名入学者，不论何科学费，均减收二成。（2）分期缴款之学员，其学费按照二成减收之数，于最后一次缴付之款内扣除。（3）凡已入学之学员，未读完一级，而欲提前在减收学费期限内预缴、升入他级之学费者，除照章扣除应减之学费外，并得享受减收二成之利益。

日文科课程及学费：[甲]初级：（一）日语假名发音单字，（二）日语虚字及造句，（三）日语文法及实用会话，（四）口语文法及口语选读，（五）口语读本。[乙]高级：（一）口语与文语之关系及语文一致体，（二）文语文法及文语选读，（三）文语读本，（四）书简文用语用词及构造，（五）实用日文尺牍，（六）和歌俳句诗（日本的一种短诗，以十七个音为一首，首句五个音，中句七个音，末句五个音），课本始于发音，终于和歌俳句，程度在普通日语补习学校之上。

学者如能修读完毕，则任何高深日语刊物，均可了解而无窒碍。[学费]初级十元，高级十五元（另定分期缴费办法）。

图书馆学科课程及学费：（一）图书馆行政，（二）目录学，（三）图书分类法，（四）图书编目法，（五）图书选择法，（六）图书运用法。图书馆学科之课本以浅显文字编纂成，教材皆合实用。学者如能循序研求，则毕业后对于图书馆学之基本智识，皆以具备，自有担任普通图书馆中任何职务之能力。[学费]五元（一次缴付）。[12]

（三）增设算学科、自然科、史地科

在1938年7月，又增设算学科、自然科和史地科，这一时期，商务印书馆函授学校管理组织结构发生了一个明显变化，即新开办的算学科、自然科和史地科与原来开办的英文科、国文科、日文科和图书馆学科一并被归属于中学部，至此，函授学校的管理组织结构已形成由校、中学部、科构成的三级管理体制。上述三门专业"业于七月十五日始业。程度、课程相当于普通初级及高级中学；编辑讲义、改课答问均有各科专家担任；函授代替面授，家居自修，无须奔走就学；随时报名、随时修业，毫不受时地之限制"[13]。

至此，中学部共计开办7门专业，呈现出了以下4个显著特点：

（1）科目齐备。在本校现设七科之中，如国文、英文、算学、自然、史地诸科，均为中学之主要科目，学者同时兼习各科，不啻肄业于初级或高级中学校；其选修一二科者，亦无异肄业于优良补习学校；（2）适合标准。本校国文、英文两科讲义之内容编制，原与中学课程标准无多差异；最新编辑之算学、自然、史地三科讲义，完全根据教育部最近修正之课程标准。依此自修，与在校所习课程无二致；（3）指导周详。本校各科主任及教师，均聘请富有教学经验专家担任。学者质疑问答，无不有确切之解答。批改课卷，尤不厌详明，无异与良师与良师晤对一堂，面受指导。（4）安全经济。加入本校修习，既免奔走就读之劳，复无时间限制之苦，对于已有职业之青年，求学与服务并行不悖。另设奖学金，对于清寒苦读之青年，亦颇适宜。[14]

（四）添办大学部、设置15个专业

到了1938年9月，商务印书馆函授学校又添办大学部："本校大学部暂设十五学系、六十学程，均系主要科目，各学科咸备。函授课本采用商务印书馆大学丛书委员会选定之大学丛书。"大学部设置的专业为：哲学、文学、史学、法律、政治、经济、商学、物理、化学、生物、算学、教育、工学、农学、医学，共计15个专业。[15]

添办大学部的历史背景为："函授制度不受时间之限制，不受地域之阻隔，学员在家补习，安全便利，将来修业期满，仍得升学、转学，对于非常时期之失学青年，裨益尤多。商务印书馆函授学校曾经教育机关立案，课程适合部定标准，中学部自经扩充后，现设七科，程度相当于普通之初级及高级中学"，因此"又添办大学部，暂设十五学系，六十学程，文、理、法、商、教育、农、工、医各学院主要科目咸备。质疑改卷，均有专家指导，不厌详明"。

大学部专业设置主要有下列4个显著特点：

（1）科目齐备。在本校中学部现设七科之中，如国文、英文、算学、自然、史地诸科，均为中学之主要科目，学者同时兼习各科，不啻肄业于初级或高级中学校；其选修一二科者，亦无异肄业于优良补习学校。大学部现设各学程，亦均为必修科目。

（2）适合标准。校国文、英文两科讲义之内容编制，原与中学课程标准无多差异；最新编辑之算学、自然、史地三科讲义，完全根据教育部最近修正之课程标准。大学部课本采用大学丛书，即为各大学通用之教本。依此自修，与在校所习课程几无二致。

（3）指导周详。本校中学部各科主任及教师，均聘请专家担任，且富有教学及编辑经验。学者质疑问难，无不有确切之解答，批改课卷，尤不厌详明。大学部除由专家改卷外，并聘请大学校长教授及各科专家为顾问。学者无异与良师晤对一堂，面受指导。

（4）安全经济。加入本校修习，既免奔走就读之劳，复无时间限制之苦，对于已有职业之青年，求学与服务并行不悖。且中学部所缴学费无多，并可分期付款。另设奖学金，对于清寒苦读之青年，亦颇适宜。大学部改卷费尤属有限；同时兼修数科或数学程者，并有减折收费办法。[16]

增设大学部后，商务印书馆函授学校的重要教学管理职位安排如下，校长：王云五；副校长中学部：周越然；副校长大学部：周昌寿；教务主任：周由廑；国文科主任：庄俞；英文科主任：周越然；日文科主任：谭勤余；算学科主任：邹尚熊；自然科主任：黄绍绪；史地科主任：苏继卿；图书馆学科主任：徐亮；事务主任：孙绍修[16]。

三、结语

笔者曾经在《职业教育研究》上面发表专文《有关商务印书馆函授学社的史料钩沉》，公布了在一·二八事变前的有关商务印书馆函授学社英文科、国语科、国文科、商业科、算学科的办学情况的史料。显而易见，这次公布的有关商务印书馆函授学社的新史料与上述笔者发表的另外一篇论文就形成了一个彼此有着密切关系的有机整体，共同构成了从整体上解读商务印书馆函授学社的较为完整的史料体系，有助于我们更好地了解函授学社各科的具体开办日期、创办之际的历史背景、教学对象、教学目的、教学体制、课程设置、师资力量及教学管理人员构成等具体情况，不仅对于研究中国近代函授教育具有重要的史料价值，而且对中国近代职业教育史的研究也具有非同寻常的历史意义，这也是发掘这些史料的价值所在。

中国近现代函授教育史专题研究

参考文献：

[1]C.P.C.S. News商务印书馆函授学社新闻——商务印书馆函授学社小史[J]. 英语周刊（636）：760.

[2]今年的希望如何？——商务印书馆函授学社[J]. 英语周刊，1927-02-26（593）：封底.

[3]唐锦泉. 商务印书馆附设的函授学校[G]//商务印书馆. 商务印书馆九十五年. 北京：商务印书馆，1992：657-660.

[4]丁伟. 民国时期（1915年—1930年）商务印书馆附设函授学社的英文科：下[J]. 广西社会科学，2008（10）：125.

[5]丁伟. 有关商务印书馆函授学社的史料钩沉[J]. 职业教育研究，2010（10）：158.

[6]商务印书馆总馆复业启事——上海商务印书馆谨启[N]. 申报，1932-07-14（1）.

[7]商务印书馆总管理处通告——（第七号）为函授学社事[N]. 申报，1932-08-01（3）.

[8]教育消息——市教局四月份核准登记学校[N]. 申报，1933-05-26（13）.

[9]教育新闻——各校消息：商务函授学校[N]. 申报，1935-07-07（16）.

[10]上海市私立商务印书馆函授学校添设国文选科[N]. 申报，1936-05-04（4）.

[11]本市新闻——商务印书馆函授学校近讯[N]. 申报，1936-05-04（13）.

[12]上海市教育局登记私立商务印书馆函授学校添设日文科、图书馆学科——联合四科、减收学费；征求新学员[N]. 申报，1937-07-04（10）.

[13]私立商务印书馆函授学校——最妥善战时补习教育机关——增设科目、招收学员[N]. 申报（香港版），1938-07-19（1）.

[14]补助战时教育、指导失学青年——私立商务印书馆函授学校中学部增设科目、招收学员[N]. 申报（香港版），1938-07-30（4）.

[15]私立商务印书馆函授学校添办大学部、开始招收学员[N]. 申报（香港版），1938-09-09（1）.

[16]私立商务印书馆函授学校招收学员——随时报名、随时修业[N]. 申报，1938-10-10（4）.

（原文载《湖北函授大学学报》，2012年第9期）

《申报》对商务印书馆附设函授学社
办学效果的记载

摘要： 商务印书馆附设函授学社在中国早期远程教育史上占据着非常重要的位置，但是，在其长达三十余年的办学经历中，学界对于不同的时期在读学员和毕业学员人数情况，以及学员来源地等相关信息的研究成果，至今仍然相当匮乏，最终造成学界始终无法对其办学效果做出一个客观、精确的评价。1915—1940年间的《申报》对上述重要信息均有着较为详细的记载，弥补了已发现的相关史料的不足，这对研究中国近代的出版教育、函授教育、社会教育和职业教育都具有重要的史料价值。

关键词：《申报》；商务印书馆附设函授学社；办学效果；史料价值

一、商务印书馆附设函授学社创办的历史背景和学术价值

从世界范围来看，正式的函授教育在1858年发端于英国的伦敦大学[1]。我国正式的函授教育肇始于商务印书馆在1915年创办的商务印书馆附设函授学社（以下简称函授学社），商务印书馆最先将这种起源于欧美的先进的开放式教育体制引入中国。"商务印书馆默察我国社会情形，觉函授学校之设，足以辅学校之不及，而为失学者开一方便之门，因于民国四年创设本社，是为我国有函授学校之始。开办之初，仅设英文一科，承各界之信任，学员来学者甚多。"[2]其办学时间长达三十余年，直到1946年9月因缺乏教学管理人员而停办[3]。在1915—1932年1月期间，函授学社根据社会发展和民众的实际需求，先后开办英文科、算学科、国语科、商业科和国文科[4]；但在1932年2月—1932年7月期间，由于受到一·二八事变的严重影响，商务印书馆遭遇国难，其开办的函授学社亦遭受重创，不得不暂时停办；在1932年8月，函授学社重新开办英文科和国文科，其他科目给予停办；到1938年9月，一·二八事变后的函授学社依据社会发展的实际需要，先后开设了英文科、国文科、日文科、图书馆学科、算学科、自然科和史地科，共计7个专业。除了一·二八事变前开办的商业科可以授予毕业

学员中等兼顾高等学历之外，函授学社开办的所有专业的学历程度均相当于普通学校的初级及高级中学的毕业水平[5]。

《教育杂志》称商务印书馆函授学社为"国内历史最久，设备最善，成绩最著之补习教育机关"[6]；商务印书馆创办的函授学社"有着显著的成绩和光荣的历史"[7]，它堪称中国早期远程教育发展史上的一个丰碑，其在中国近代远程教育史上的重要地位是不言而喻的。显然，商务印书馆函授学社极具个案研究价值。

学界对于不同时期在读学员和毕业学员的人数情况以及学员的来源地等相关信息的研究成果，至今仍然相当匮乏，最终造成了学界始终无法对函授学社的办学效果做出一个客观、精确的评价。由于篇幅所限，在此，有关商务印书馆函授学社的研究成果及其所引用的史料状况，请参阅《一份弥足珍贵的史料：一·二八事变后重订的〈商务印书馆函授学社简章〉》一文[8]。翻阅1915—1940年期间的《申报》，可以发现大量的有关函授学社的广告、通告和布告，它们对上述相关的重要信息均留下了宝贵的记录，在很大程度上弥补了已发现的相关史料的不足，这就为考察函授学社的办学效果提供了极为有价值的史料支撑。

二、《申报》对函授学社办学效果的记载

根据《申报》的记载，至1916年8月，"本社开办仅十月，学员入社已逾八百，……，现由低级毕业升入高级赓续来学者，亦复络绎不绝"[9]。至1917年4月，"本社自民国四年九月开办以来，仅及年余，学员已逾千数，……。查本社学员，除现任教员及在校学生外，商界、工界尤占多数"[10]；至1917年7月，"本社开办以来，未及两年，学生人数已近二千"[11]；至1917年10月，"本社自民国四年九月开办，迄今仅两年，来学者已达两千人"[12]。

至1918年3月，"本社开办仅两年，社员多至两千数百人"[13]；至1918年7月，"本社开办未久，海内学子报名入社者已达两千五百人，已经毕业者亦三百余人"[14]。至1921年1月，"开办迄今已历六年，学员共有六千余人，毕业者已有千余人"[15]；至1921年7月，"学员共有七千余人，毕业者已有千二百余人"[16]。

至1922年1月，"开办迄今已历七年，学员共有八千数百人，毕业者已有千五百余人"[17]；至1922年4月，"学员共九千余人，毕业者已及一千五百余人，均有成效可观"[18]；至1922年6月，"学员共九千七百余人，毕业

者已有一千七百余人"[19]；至1922年9月，"学员共一万余人，毕业者已有两千余人"[20]。至1923年1月，"学员一万一千数百人，毕业生二千一百余人"[21]；至1923年5月，"现在学员一万三千人"[22]。

至1926年8月，"本社创办以来，已历十二载，学员两万余人，毕业四千人，数百人成绩久已卓著"[23]；至1926年9月，"学员两万两千数百人，毕业者四千数百人，在社会上任重要职务者亦数千人，成绩久已卓著"[24]；至1926年10月，"学员二万三千人，已卒业而在社会上得到荣誉的，已有四千余人"[25]。至1927年3月，"现有学员二万五千数百人，实为海内最有名之函授学社"[26]；至1927年8月，"学员二万五千八百余人，卒业者四千五百余人，皆在各界担任重要职务"[27]。

至1929年12月，"开办十五年，学员三万人，毕业五千人"[28]；至1931年2月，"我国之有函授学校自本社始，开办迄今已十七年，学员共三万六千余人。学而升入大学者、出洋游学者、游学归国已在社会任要职者亦六千三百余人"[29]；至1935年2月，"学员前后统计已达五万余人之多。在本校毕业出任要职于各界者亦数千人"[30]；至1937年7月，"学员共五万六千余人，历年毕业于本校者，数逾万人。办理成绩，久已蜚声海内外"[31]。

《申报》除了对函授学社历年在读学员总人数和毕业总人数留下了较为详细的记载之外，对其学员的来源地也多有提及。现在举例如下：仅仅至1916年8月，"内而全国，外而南洋，无不有本社之学员"[9]；到了1925年10月，"本社商业科开办至今，甫及二年，学员已遍全国。即海外，如南洋群岛，菲列滨，日本高○等处，入社者亦不少"[32]；至1929年1月，"已办国文、国语、英文、商业、算学五科，学员遍全国及南洋各地"[33]；截止到1930年11月，"加入本科之学员已遍于全国及日本、朝鲜、南洋群岛等处，以其所具之新商业智识，均已获得优越之地位"[34]。类似的广告还有很多，受制于篇幅的限制，在此不再一一列举。

三、《申报》的记载对研究函授学社所具有的史料价值

（一）上述新发现的报刊资料对研究商务印书馆函授学社的办学效果具有重要的史料价值。首次从整体上动态地、清晰地、连贯地展现了函授学社在1915—1937年之间学员人数及毕业人数的历史图景，这对探讨其在不同时期、不同历史阶段的办学效果具有宝贵的史料价值，因为数字图景是证明其办学效果最直接、最客观、最精确、最具有说服力的证据之一。

（二）这幅动态的数字历史图景生动地为后人描述了函授学社在不同时期、不同历史阶段在读学员、毕业学员总人数的递增幅度、递增速度，以及在读学员总人数与毕业学员总人数之间的比率情况，这都是证明其办学规模、办学影响力、办学信誉的最有力度的证据之一，最终指向其办学效果。引人注意的是，函授学社历年的在校学员总人数与毕业学员总人数基本上保持在6∶1的比例。而已有的研究成果显示，以开办时间最早、办学历史最久、声誉最著、影响力最大的英文科"本科"（学历教育）为例，"本科"分为四级，每级读完可以获得修业证书，读完四级后可以获得相当于普通高中毕业水平的文凭，最快可以2年、最慢可以8年毕业[35]，由此可见，函授学社实施的是一套富有弹性的教学体制。综合新发现的史料和已有的研究成果，在很大程度上充分说明了函授学社采取的是一套"宽进严出"的函授教育政策，有力地保证了函授教育的人才培养质量，有利于提高函授教育的办学信誉和社会影响力，从而有助于函授教育在社会的推广和普及。

截至1937年7月，函授学社在读学员已经多达五万六千余人，"历年毕业于本校者，数逾万人"；根据这个数据，单单从绝对的数字层面来看，如果用现代的视角去评估其办学效果，与现代的任何一所专门从事远程教育的省级办学单位相比，其办学效果纵然称不上显著，但至少处于一般的办学水平层次。由于民国时期的历史背景与现代的社会背景存在明显的时空差异，显然，这种纵向的比较是有失历史公平与公正的；即便是如此，这幅动态的数字历史图景仍然让后人真切感受到了这种新型开放式学校的生命力之旺盛、办学效果之显著。

（三）如果把这幅动态的数字历史图景，分别与同时期的其他函授学校和普通中学的在读学生总人数进行一个比较，这又会对研究商务印书馆函授学社的办学效果提供什么样的帮助呢？这对研究函授学社的办学效果又意味着什么呢？

根据民国时期报刊文献资料的记载，自1915年以来，在中国开办的函授学校接踵而起，至1917年12月，中国的函授学校数量已经接近50所，其中，大部分函授学校是中国人和日本人经办的。几乎每所函授学校的在读学员总人数都保持在50~200人之间[36]，而同时期的商务印书馆函授学社的学生人数却为2000多人。通过比较，可以发现函授学社的总人数至少是其他函授学校的10倍以上。显然，在办学初期，商务印书馆函授学社的办学规模已经处于遥遥领先的地位了。

由文中第一部分论述可知，在1938年9月之前，商务印书馆函授学社的办学层次、课程设置均相当于民国时期一所普通中学的教学水平。将函授学社的在读学员人数、毕业学员人数与同时期一所普通中学进行比较之前，为了更好地论证上述数字图景的重要史料价值，很有必要对当时的社会背景做概括性的介绍。

我国中学教育制度自1902年8月"壬寅学制"颁布确立后，普通中学有了较大的发展，但与初等教育、高等教育及师范教育等相比，一直是整个学制体系中相对薄弱的环节。虽然在民国初年，教育部颁布了新的具有资产阶级性质的教育方针和学制系统，但从民国初期制定并颁布的各项教育法令、政策上可以发现，全国教育的发展重心仍集中在初等和高等教育的层面上，尤其是特别重视义务教育的发展和普及。但是，面对中等教育，尤其是中学教育，并未采取积极有效的扶持政策[37]。

民国初期政府的消极保守态度使得中学教育的发展一直停滞不前。1922年"壬戌学制"颁布后，虽然中学获得了较大的发展，数量上有了显著的增长，但中学的增加速度与高等教育的增加速度相比仍显缓慢。据统计，1919—1927年民国公立大学增加了10倍，政府认可的私立大学也增加了2倍多，可是全国的公、私立中学加起来却不到1000所，在校学生竟然还不到20万人，可见当时中学教育发展的缓慢。而在这一时期，鼓励初等教育的倾斜政策使得小学毕业生日渐增加，又受到五四新文化运动的影响，广大学生深切地感受到提高学识、智力及能力的重要性和紧迫性，因此其求知欲大幅度上升，小学毕业生渴望升入中学者日益增加，但相对数量极为有限的中学却根本无法满足这一需求[38]97-101。

在上述时代背景下，首先回顾一下1912—1928年中学教育发展的概况，分别选取1918年、1922年和1928年作为个案来考察：1918年全国公立、私立中学共计484所，学生总数为77621人，平均每所中学所容纳的学生数量大约为160人；1922年中学共计547所，学生总数为103385人，平均每所中学的学生数量大约为189人；1928年中学共计954所，学生总数为188700人，平均每所中学的学生数量198人[38]99。而新发现的史料显示，商务印书馆函授学社在1918年7月、1922年9月和1927年8月，在读学员的人数分别是2500余人、10000余人和25800余人。经过比较可以得出这样的一个结论：在1918年，函授学社所容纳的学生总数是同一时期一所普通中学学生总数的16倍；在1922年为53倍；在1928年为130倍。也就是说，从容纳学生人数的层面而言，仅仅一所函授学校，在1918年就相当于16所中学的功用，其总人数是全国中学在校学生总人数的1/31；在1922年它相当于53所中学的功用，其总人数占到全国中学生总数的1/10；而在1928年它却相当于130所中学的功用，其总人数居然占到全国中学生总数的1/7。

然后，再来回顾一下20世纪30年代中学教育的发展概况。到了1936年，中学教育的发展达到了一个历史新高度，各类中学共计1965所，学生总数为482522人，平均每所中学所容纳的学生总数为246人。可是到了1937年，由于受战乱的影响，大批校舍被日军炸毁，师资严重流失，在这一特殊的时期，中学教育的正常发展受到了严重阻碍，各类中学总数下降至1240所，学生总数下降至309563人，平均每所中学所容纳的学生总数为250人[38]216，显然，普通中学没有能够保持持续发展的良好势头。同一时期或接近同一时期的商务印书馆函授学社，在1935年2月在校学员已经达到50000余人之多；至1937年7月，在校学员共计56000余人。经过比较可以发现，即使是在1936年中学教育发展到一个历史新高度的时候，函授学社所容纳的学生总数仍然是一所普通中学的203倍；到了1937年，函授学社所容纳的学生总数竟然是一所普通中学的220倍。也就是说，单单从学生人数的层面来看，一所函授学校，在1936年它相当于203所普通中学的功用，其总人数依然能够占到全国中学生总数的1/9.7；在1937它竟然能够相当于220所普通中学的功用，其总人数居然能够占到全国中学生总数的1/5.5。

由上述可知，作为国人自办的第一所专门函授学校，相对于传统学校课堂教学模式而言，它可以突破校园、教室的制约，打破时空的藩篱，并不受职业的任何束缚；可以充分利用沿海"有限"的先进教育资源，惠及"无限"的社会教育对象，将其教育功能发挥到最大的极致。并且战乱对函授学校的破坏程度要远远低于普通的学校；它投资小、见效快、社会办学效益高。这幅数字历史图景充分地显示，无论是在战前还是战后，商务印书馆函授学社凭借其雄厚的人才智力资源和媒介资源的优势，使其所从事的这种新型的开放式教育，不仅为由于受普通学校资源所限而无法进入中学继续求学的失学青年，也为广大在职人员，更为抗战期间辍学在家的莘莘学子提供了接受继续教育、完成学业、实现人生梦想、改变人生际遇的极其宝贵的机会。商务印书馆函授学社不仅在很大程度上弥补了普通中学教育资源的严重不足和匮乏，而且还有力保证了民国时期中、高等教育事业的可持续发展；同时，也为民国社会培养了一大批中级"专业知识+技能型"复合型人才，他们纷纷走向民国社会各个领域的工作岗位，充分发挥自己的专业优势，从而大力推进了民国现代化事业的发展。

晚清以降，中国传统教育变革所彰显出来的最重要的本质特征，就是实用性、民主性、科学性和开放性，这也是人们所理解的教育近代化的基本内涵[39]。显然，商务印书馆函授学社在中国教育近代化的潮流中担当了重要的推手的作用。在函授学社问世以前，中国近代的社会教育和职业教育始终无法摆脱课堂教学模式的束缚，无法使得沿海的教育资源优势发挥到最大的限度。而函授学社的创办就很好地解决了这一难题，它不仅正式拉开了中国近代远程教育史的序幕，而且也为中国近代社会教育、职业教育的发展开辟了一条不同于传统教育模式的新途径。函授学社通过这种新型的开放式教育体制培养了数以万计的在职和非在职学员，使他们亲身感受到了这种新型开放式教育的优越性、便利性和包容性，在很大程度上改变了国人通常选择普通学校接受教育的传统习惯，有力地促进了国人传统教育价值理念的更新，推动了中国教育近代化的发展历程，在中国近代出版教育、成人教育、远程教育、社会教育、职业教育发展史上都留下了深深的难以磨灭的印迹。

近代以来，由于受到外部西方势力的入侵，中国社会愈发呈现出了多元化、多样化、多维度的历史面相，各地区经济、政治、文化教育的发展水平变得更加不平衡，再加之中国地域宽广，人口众多，因此中国近代的现实国情是相当复杂多变的。上述新发现的这幅动态的数字历史图景更加充分地说明了这种新型的开放式学校深受广大民众的欢迎。毫无疑问这种新型的开放式教育体制尤其适合像中国这样的以"后发外源型"的态势而进入现代化的国家，是符合中国近代复杂多变的现实国情的，是能够满足广大民众的实际求学需求的。上述新发现的史料最强有力地证明了，商务印书馆函授学社的办学规模之大、办学影响力之强、办学信誉之高、办学效果之显著都是毋庸置疑的。

（四）上述新发现的报刊资料也充分地表明，在办学初期，商务印书馆函授学社就已经成为一所国际性的开放式学校了，确实它无愧于"东亚创办最早、设备最全之补习机构"这一荣誉称号[40]。这座国际性的开放式学校彰显出了强大的生命力、辐射力和穿透力，它的生源遍布国内各个省份和东南亚各个国家，仅仅从学员的来源地这个层面来考察，其显著的办学效果已经窥豹一斑了。综上所述，随着上述新史料的浮出水面，它使大家意识到了商务印书馆函授学社在中国近代出版教育史、中国早期远程教育史、中国近代社会教育史、中国近代职业教育史上都具有重大的历史意义和学术价值。它值得大家更进一步深入发掘相关文献资料，持续深入研究，认真反思和总结其办学实践活动，以期为当今的出版教育事业、陷入困境的高等函授教育、"向何处去"的高等成人教育和方兴未艾的计算机网络远程教育提供有益的启发和借鉴。

参考文献：

[1]赖春明．函授教育与管理[M]．北京：解放军出版社，1989：8.

[2]C.P.C.S. News．商务印书馆函授学社新闻——商务印书馆函授学社小史[J]．英语周刊，1928（636）：760.

[3]唐锦泉．商务印书馆附设的函授学校[G]∥商务印书馆编辑部．商务印书馆九十五年．北京：商务印书馆，1992：660.

[4]丁伟．有关商务印书馆函授学社的史料钩沉[J]．职业教育研究，2010（10）：158–159.

[5]丁伟．《申报》对一·二八事变后商务印书馆附设函授学社的记载[J]．湖北函授大学学报，2012（9）：110–111.

[6]丁伟．民国时期（1915年—1930年）商务印书馆附设函授学社的英文科：下[J]．广西社会科学，2008（10）：125.

[7]履冰．函授是教育社会化的实践和基础[J]．文化通讯，1948（3）：8.

[8]丁伟．一份弥足珍贵的史料：一·二八事变后重订的《商务印书馆函授学社简章》[J]．出版史料，2011（3）：91–92.

[9]讲习英文之捷径——上海商务印书馆附设函授学社英文科启[N]．申报，1916–08–13（1）．

[10]勤学者有奖——商务印书馆附设函授学社英文科启[N]．申报，1917–04–07（1）．

[11]暑假补习英文之好机会——商务印书馆附设函授学社英文科谨启[N]．申报，1917–07–10（1）．

[12]商务印书馆附设函授学社英文科[N]．申报，1917–10–07（1）．

[13]奖励金第一名现洋五十元——上海商务印书馆附设函授学社英文科

谨启[N]. 申报，1918-03-04（1）.

[14]紧要通告——上海商务印书馆附设函授学社英文科谨启[N]. 申报，1918-07-15（1）.

[15]上海宝山路商务印书馆函授学社英文科招生广告[N]. 申报，1921-01-01（3）.

[16]上海宝山路商务印书馆函授学社英文科招生广告[N]. 申报，1921-07-06（6）.

[17]上海宝山路商务印书馆函授学社英文科招生广告[N]. 申报，1922-01-04（3）.

[18]上海宝山路商务印书馆函授学社[N]. 申报，1922-04-05（3）.

[19]上海宝山路商务印书馆函授学社[N]. 申报，1922-06-09（3）.

[20]上海宝山路商务印书馆函授学社[N]. 申报，1922-09-16（3）.

[21]从来没有生下来就聪明、就有学问的人——国语科、英文科、算学科——我们这三科的讲义：英文、国语、算学是使人聪明、使人得到学问的利器[N]. 申报，1923-01-10（2）.

[22]阁下不是有志求学而苦于无入校的机会吗？请即日加入商务印书馆函授学社[N]. 申报，1923-05-24（2）.

[23]商务印书馆函授学社优待学员办法[N]. 申报，1926-08-03（6）.

[24]商务印书馆函授学社半费优待、截止在即——纪念期限只余六天[N]. 申报，1926-09-25（4）.

[25]家产百万，不如薄技在身——商务印书馆函授学社谨启[N]. 申报，1926-10-17（4）.

[26]有志求学者公鉴——上海宝山路商务印书馆函授学社谨启[N]. 申报，1927-03-12（4）.

[27]上海商务印书馆函授学社为我国成绩最佳、信用最著之通信教授机关[N]. 申报，1927-08-10（3）.

[28]商务印书馆函授学社[N]. 申报，1929-12-06（1）.

[29]历史最悠久的、设备最完善的、成绩最卓著的补习教育机关：商务印书馆附设函授学社[N]. 申报，1931-02-23（1）.

[30]上海市教育局登记私立商务印书馆函授学校国文科、英文科招生[N]. 申报，1935-02-24（5）.

[31]上海市教育局登记私立商务印书馆函授学校添设日文科、图书馆学

科——联合四科、减收学费、征求新学员[N]. 申报，1937–07–04（10）.

[32]告有志于商业者——上海宝山路商务印书馆函授学社启[N]. 申报，1925–10–12（1）.

[33]商务印书馆对于社会的贡献[N]. 申报，1929–01–01（1）.

[34]君欲深造为一商业人才否？请即加入商务印书馆函授学社商业科! [N]. 申报，1930–11–11（1）.

[35]丁伟. 民国时期（1915年—1930年）商务印书馆附设函授学社的英文科：上[J]. 广西社会科学，2008（9）：111–118.

[36]严天牟. 中国之函授学校[J]. 教育杂志，1917（12）：72.

[37]李桂林，戚名琇，钱曼倩. 中国近代教育史资料汇编：普通教育[G]. 上海：上海教育出版社，1995：793–794.

[38]谢长发. 中国中学教育史[M]. 太原：山西出版集团，山西教育出版社，2009.

[39]田正平. 留学生与中国教育近代化. 广州：广东教育出版社，1996：11.

[40]孙中山先生的嗜好——东亚创办最早、设备最全之补习机构：商务印书馆函授学社[N]. 申报，1929–03–08（4）.

（原文载《教学研究》，2013年第1期）

民国时期商务印书馆
函授学校办学时间史实考辩

摘要：商务印书馆函授学校在中国早期远程教育史上占据着极其重要的位置，但是自从1979年《辞海》出版以来，受制于已有史料的束缚，学界对于其具体创办、停办时间说法不一，难以达成定论；综合考察近期发现的各种文献资料，经过史实考证，其创办时间既不是学界普遍认可的1914年，亦不是一些学者认可的1915年7月，而是1915年3月；其正式招生时间为1915年7月，正式开学时间为1915年8月末期。而其停办时间不是学界普遍认可的1941年12月，更不是少数学者认可的1937年7月，亦不是1946年9月，其停办时间应该是1946年12月。探寻历史真相，避免以讹传讹，有助于加深理解商务印书馆函授学校在中国远程教育发展史、函授教育史、成人教育史、职业教育史、社会教育史、出版文化史上所具有的重要学术价值和现实意义。

关键词：商务印书馆函授学校；办学时间；史实考辩；学术价值；现实意义

一、引言

根据民国文献资料的记载，在中国早期远程教育发展的历程中，商务印书馆函授学校、中华书局函授学校、大东书局函授学校、开明函授学校均"有着显著的成绩和光荣的历史"[1]，取得了显著的办学效果和社会效益。

上述函授学校充分依托近代著名的民营出版机构的丰厚的媒介资源和人才智力资源的优势，通过这种新型的不受地域限制、突破时空藩篱、打破职业束缚、投资小、见效快的开放式教育，为广大中下层民众提供了宝贵的接受继续教育、改变人生际遇的难得机会，为他们开辟了一条通过校外教育走向成功的新途径。上述函授学校的成功开办有效地弥补了民国教育资源分布的严重不均和整体教育资源的匮乏，有力缓解了全日制学校和社会民众之间的供需矛盾。无论是在教育理念层面，还是在教育体制层面，均在一定程度上推动了中国教育的近代化发展进程；一定程度上提升了国民素质的整体水平，为民国社会培养了一大批中、高等"专业知识+技能"复合型专业人才，促进了民国社会的变革和转型[2-4]。

显而易见，上述函授学校在中国远程教育历史上占据着极其重要的位置。而在这4家函授学校中，又以商务印书馆函授学校取得的突出办学成就格外引人瞩目（以下简称"商馆函授学校"）。据1917年12月出版的《教育杂志》的记载，1918年之前，在国人自办的函授学校中，"当以商务印书馆英文函授学社为规模最大、声誉最著"；它的学员遍布中国的大江南北及东南亚地区，其学员分别来自于工、商、学、政、宗教界等社会各界[5]。到了1927年，刊登在8月10日出版的《申报》上的招生广告，这样介绍商馆函授学校，"通信教授足补学校教授之不逮。本社在我国函授学校中，开办最早"，"成绩最佳"，"信用最著"，"学员二万五千八百余人，卒业者四千五百余人，皆在各界担任重要职务"[6]。

至1935年，发布在2月24日出版的《申报》上的招生广告宣称："学员前后统计已达五万余人之多，在本校毕业出任要职于各界者亦数千人"；"有志补习者，又无年龄、性别、地域、时间之限制，实课外及业余补习机关之成绩最优者"；"开办最早、课程切实、信用最著、改卷迅速、学费最廉、答问详明、教材最富、名家教授"[7]。

综上所述，商馆函授学校无论是在民国初期，还是在民国的中后期，其办学水平和办学效果均在函授教育界保持领先的地位，由此可见，它所具备的个案研究价值是不言而喻的。早在民国时期，商馆函授学校的显著办学成绩就已经引起了学界的关注，已有数篇相关论文问世；但是，令人遗憾的是，这些论文都没有提及其具体办学日期。自从20世纪80年代以来，学界对商馆函授学校的办学情况亦保持着较高的关注程度，先后有一定数量的学术著作和硕博论文介绍其办学状况。由于受制于史料的缺乏，学界对于其创办、停办时间始终未达成定论；而弄清楚这个问题不仅是每位研究者义不容辞的责任，而且有助于理解商馆函授学校在中国远程教育发展史上所具有的重要地位。

下面，我们将依据最近发现的民国文献资料，对商馆函授学校的创办时间和停办时间进行考证，以求教于学界各位方家，若有任何不当之处，敬请批评和指正。

二、有关创办时间的史实考辨

（一）截至2014年，学界对于商馆函授学校的创办时间有两种说法，第一种说法1915年7月。具有代表性的论文是唐锦泉撰写的《商务印书馆附设的函授学校》（1992年），被作为商务印书馆馆史资料收录于《商务印书馆九十五年：1897—1992》一书中[8]656-660，此后，学界发表涉及商馆函授学校的论文大都以此作为史料证据。比如较有影响力的学术论文有：肖永寿的《中国早期函授教育的产生和发展——商务印书馆函授教育的历史回顾》（1996年）[9]，陈斌的《我国函授教育的产生和早期发展》（2004年）[10]，陈斌等的《论我国远程教育的产生极其初期发展》（2005年）[11]，刘立德的博士论文《商务印书馆与中国近代教育（1897—1937）》（2008年）[12]；主要代表性学术著作有：吴相的《从出版作坊到出版重镇》（1999年）[13]，董明传、毕诚、张世平的《中华人民共和国教育专题史丛书——成人教育史》（2002年）[14]，等等。

（二）第二种说法是商馆函授学校的创办时间为1914年。按照出版时间的先后顺序，持这种说法的主要有下列具有较高权威性和较大影响力的著作：夏征龙主编的《辞海（上）》（1979年）[15]，赖春明所著的《函授教育与管理》（1989年）[16]11，著名成人教育学家关世雄主编的《成人教育辞典》（1990年）[17]，著名教育学家顾明远和教育大辞典编纂委员会共同编纂的《教育大辞典第3卷：高等教育、职业技术教育、成人教育、军事教育》（1991年）[18]，齐高岱教授领衔主编的《成人教育大辞典》（2000年）[19]，《上海成人教育志》编纂委员会编写的《上海成人教育志》（2007年）[20]，还有著名远程教育学家丁兴富编著的《远程教育学》（2009年）[21]，夏征龙、陈至立主编的《辞海：第六版普及本（上）》（2009年）[22]，最新出版的由夏征龙、陈至立主编的《辞海：第六版典藏本（3）》（2011年）[23]，等等。

首先，上述著作中，1979年版、2009年版、2011年版的《辞海》对商馆函授学校的介绍最为简单，1979年版《辞海》云："旧中国商务印书馆曾于1914年创设函授学社。"仅此一句话而已。经过多次修订之后，2009年出版的《辞海：第六版普及本》和2011年出版的《辞海：第六版典藏本》也是使用一句话介绍商馆函授学校："中国最早的函授教育机构是1914年商务印书馆创设的函授学社。"且三个版本的《辞海》都没有给出史料来源，当然，这也是编写辞典所秉承和坚持的一贯风格。

其次，在上述著作中，《成人教育辞典》《教育大辞典第3卷》和《成人教育大辞典》对商馆函授学校的阐述较为详细，对其创办时间、停办时间、课程设置、师资力量、办学目的等均有涉及。但翻阅《教育大辞典第3卷》和《成人教育大辞典》，会发现其对商馆函授学校办学情况的阐述内容和文字表达形式，与《成人教育辞典》完全相同，如出一辙，可以说是一字不差。尽管没有指出史料来源，但是由于《成人教育辞典》出版在前，由此可以推断，这两部著作应该参阅了《成人教育辞典》。在此，需要特别强调的是，尽管只有丁兴富的《远程教育学》给出了所参考的文献资料，但其所利用的文献资料依旧出自于关世雄主编的《成人教育辞典》。而《成人教育辞典》没有指出参考文献来源，所以无法对其史料来源的可靠性进行考证。

再次，在上述著作中，《上海成人教育志》对商馆函授学校的办学情况进行了较为详细的介绍，其论述内容和文字表达方式都与《成人教育辞典》大不相同，尽管我们仍旧无法验证其所引用的参考文献的史料价值，但是完全可以断定，《上海成人教育志》与《成人教育辞典》所依据的史料应该是不同的。

最后，赖春明的《函授教育与管理》对商馆函授学校的阐述比较详细，重点论述了办学历史背景、创办的直接原因、办学影响力和办学规模、学员来源地等情况，很显然，其论述内容明显不同于其他几部著作的具体阐述。如果把《函授教育与管理》对商馆函授学校的论述内容与前述的《中国之函授学校》（发表于1917年12月出版的《教育杂志》上面）一文中的部分内容进行仔细比对，可以发现它们论述的重点内容和论述的逻辑性非常接近，现在以对"创办函校的直接原因"阐述内容为例进行说明，《中国之函授学校》这样写道：

> 该社附于商务印书馆之英文编辑部。初，该馆刊行《英文杂志》，深受社会欢迎。读者既获《英文杂志》之益，乃时时以设立英文函授学校相敦促。该馆徇外界之请，爰剙斯社，专授英文一科。[5]73

《函授教育与管理》这样表述：

> 1914年，上海商务印书馆因其刊行的英文读物文字通俗易懂，内容富有教育性、艺术性，深得读者欢迎。在各界的催促下，该

馆徇社会之情，设立了函授社，专授英文一科。[16]11

很显然，《中国之函授学校》与《函授教育与管理》对"创办函校的直接原因"的论述相似程度很高表明，赖春明先生应该是参考了《中国之函授学校》一文。值得注意的是，商务印书馆在民国时期仅仅发行了两种英文期刊，一种是《英文杂志》（*The English Student*），于1915年1月1日公开出版第1号[24]；另外一种是《英语周刊》（*English Weekly*），于1915年10月2日公开发行第1号[25]。既然商务印书馆出版的两种英语刊物公开发行的时间都是1915年，那么商馆函授学校的成立时间又怎么可能是1914年呢？毋庸置疑，赖春明在《函授教育与管理》一书中对商馆函授学校的创办时间认定为1914年，显然与史实不符。我们可以这样推断，赖春明要么是沿用了1979年版《辞海》的说法，要么是没有弄清楚商务印书馆发行英语刊物的具体年份，要么是将1979年版《辞海》的说法与《中国之函授学校》的论述牵扯到了一起，没有详加考证，才轻易下此结论。

认同创办时间为1914年的学术论文主要有：丁兴富的《我国远程教育的萌芽、创建和起步——中国远程教育的历史发展和分期（1）》（2001年）[26]，张伟远、陈垄的《我国远程教育的起源、发展及其现实意义的探讨》（2001年）[27]，黄立志的《中国远程教育史纲》（2010年）[28]等等。在此需要交代的是，上述丁教授的论文虽然没有提及史料的来源，但是其对商馆函授学校办学情况的介绍与其所编著的《远程教育学》完全相同，不难断定，所根据的参考文献也应该是《成人教育辞典》；远程教育学专家张伟远教授的论文对商馆函授学校办学情况的论述，所参考的文献资料基本上来自于台湾学者刘天成所著的《现代远程教学研究》（1999年），而刘的这本学术专著对商馆函授学校办学情况的介绍所参考的文献资料，却出自关世雄主编的《成人教育辞典》[29]；黄立志的论文对商馆函授学校办学情况的阐述，所参考的文献资料基本上都来自丁教授的这篇论文。显而易见，上述论文所依据的参考文献最终都指向《成人教育辞典》，因此，我们还是无法辨别其所依据的史料的原始性和可靠性。

综上所述，持第一种说法的论文、著作所依据的史料都来自于商务印书馆老职工唐锦泉先生的一篇回忆录性质的文章，属于撰述类的文献资料。当然，在没有其他更可靠、更具说服力的史料被发现之前，回忆录性质的史料具有非常重要的参考价值，但是这一类的史料往往缺乏更高程度的原始性、精确性和完善性。以唐锦泉的这篇文章《商务印书馆附设的函

上篇 函授教育文献史料专题研究

授学校》为例，笔者就曾于2010年10月在《职业教育研究》上发表论文指出：根据商务印书馆发行的《英语周刊》刊发的相关文献记录，唐的这篇回忆录性质的文章对商馆函校先后开办的一些专业名称和具体时间的记载有误，并给予一一指正[30]。由此可见，如果能够发现另外一种类型的史料去证明唐的这篇文章所认为的商馆函授学校的创办时间是1915年7月这种说法，那么这一说法无疑是值得信赖的。

至于认定商馆函授学校的创办时间是1914年的说法，如前所述，持这种观点的具有一定权威性和代表性的学术著作及论文基本上都没有指出所依据的参考文献，结果造成无法对其所依据史料的价值做出较为客观的评价和判断，但是可以做出这样的推论，由于1979年版的《辞海》最先出版，鉴于它在学界的权威性，它的观点或多或少地影响了20世纪80年代以后出版的著作及论文对商馆函授学校创立于1914年这种说法的认同和接受。

（三）近几年来，笔者一直在关注中国早期远程教育史的发展状况，从未间断对相关史料的搜集和整理工作，发现了几份能够证明商馆函授学校具体创办时间的重要史料。现在将其详细情况公布如下：

其一，《商务印书馆馆志》对商馆函授学校的记载。近日，我们有幸找到了两本商务印书馆分别于民国十五年五月、十八年七月出版的《创立三十年商务印书馆志略》和《商务印书馆志略》，上述两本馆志均提及了商馆函授学校英文科的创立时间。《创立三十年商务印书馆志略》这样写道："英文科，本科于民国三年创设，分本科，选科。"[31]而《商务印书馆志略》首先在《公益》一章节中这样表述："函授学社。函授为辅助教育之良法，本公司开办有年，兹述各科成绩如下：……。丙、英文科，本科于民国四年创设，分本科、选科。"[32]51然后又在书末的《商务印书馆历年筹办公共教育事业一览》中这样介绍："民国四年七月函授学社英文科开办，海盐张元济为社长。"[32]52很显然，两本不同时期出版的馆志对商馆函授学校的创建时间的记录不一样。

由前述第一部分论述可知，商馆函校学校在其初创时期，仅开办英文一科，因此可以将英文科创办时间视为函授学校的创立时间。尽管两本馆志对商馆函授学校创立时间的记载不一致，但是两次编撰馆志的间隔时间只有3年的时间；在通常情况下，我们认为，在间隔较短的时间周期内，第二次编写的馆志应该在第一次编写的基础之上，对已有的撰述内容进行修改和完善，以期更加客观和全面。很明显，民国十八年出版的馆志对商馆函授学校创建时间的记载就较为详细一点。再结合前述的唐锦泉的文章，可以做出如下推断，民国十五年出版的馆志对创建时间的记载有误，民国十八年出版的馆志对创建年份时间的记载应该是可靠的。由此，我们可以做出这样的假设，上述提到的一些具有代表性和影响力的著作很有可能参阅了民国十五年出版的馆志，而没有看到三年后出版的另一本馆志，从而认为商馆函授学校的创建时间是1914年。

当然，如果要最终确定商馆函授学校创建时间的年份，还需要找到其他不同类型的文献资料给予充分的佐证。在此，还有一个令人困惑的疑点必须要指出，民国十八年出版的馆志对商馆函授学校英文科开办时间的记载为"民国四年七月开办"，随之而来的又产生了一个新的问题，"开办"在此意味着"创建""开始招生"，还是"正式开学"呢？之所以产生这样的问题是由于函授学校的特殊性造成的，因为最新创建的一所私立专门函授学校的办学特点明显不同于一所公立的普通学校，它从创建，到开始招生，再到正式开学往往需要一段较长的周期，所以，在此无法确定"开办"一词的具体内涵意义。而前述唐锦泉的那篇文章很有可能参阅了民国十八年出版的馆志，把"开办"的具体含义理解为"创建"，从而认为商馆函授学校的创办时间是1915年7月。我们是否能够最终确定商馆函授学校的创办的年份是1915年呢？到底是几月份呢？上述两个问题都将会在以下的论述中得到解决。

其二，1928年出版的《英语周刊》对商馆函授学校创办时间的记载。为了更好地加强商馆函授学校与函授学员、学员与学员之间的互动和交流，更加有效地调动学员的上进心和积极性，促进函授教学过程的顺利开展，《英语周刊》特意从1921年7月9日的第301号开始，专门为商馆函授学校设置了一个固定栏目——《C.P.C.S. News商务印书馆函授学社新闻》。

在1928年1月14日的出版的《英语周刊》上，这个固定栏目这样介绍商馆函授学校的办学历史：

> 商务印书馆函授学社小史——商务印书馆默察我国社会情形，觉函授学校之设，足以辅学校之不足，而为失学者开一方便之门，因于民国四年创办本社，是为我国有函授学校之始。开办之初，仅设英文一科，承各界之信任，学员来学者甚多……[33]

为了更好地阐明《英语周刊》刊登的《商务印书馆函授学社小史》的史料价值，很有必要对它的影响力和权威性给予概括性的介绍。《英语周刊》创刊于1915年10月，它是商务印书馆发行的中国第一份英语学习类周刊。由于它编辑内容丰富、取材新颖有趣、注重实用、内容浅显、注释详明，价格低廉，非常适合作为初学英语者的课外补习读物。"出版以来，风行海内，日、美、南洋各埠之学校、商界咸纷纷寄函订购。每期各印万册，瞬息即罄，阅者诸君来书奖励，日必十起，教育部批为善本，各日报赞为良师"[34]；由于其办刊质量高、影响力大，第1期仅出版2个月后，便得到了民国教育部的嘉奖，"本周刊现蒙教育部审定：该书措辞简明，分配亦合，作为初学课外补习或自修书可也。同人受此奖誉，益加奋勉"[35]。由此可见，鉴于《英语周刊》在文化教育界的重要影响力和较高的权威性，《英语周刊》刊发的《商务印书馆函授学社小史》所具有的重要史料价值是不言而喻的。

不仅如此，《英语周刊》还具有另外的一个重要功能，据商务印书馆编译所英文部部长、商馆函授学校校长邝富灼发表在《英语周刊》上的文章记载，《英语周刊》和商务印书馆发行的另一份英语学习类期刊《英文杂志》，都被视为商馆函授学校的函授辅导刊物，用来辅助学员的业余自学；自从出版以来，亦大受学员的欢迎[36]。而且《英语周刊》经常及时刊登商馆函校英文科的"一切消息"[37]，以期更好地与分布在全国各地的函授学员沟通和交流。不难断定，《英语周刊》与商馆函授学校有着极为密切的业务联系，我们有充分的理由相信，《英语周刊》刊登的有关商馆函授学校的各种信息具有很高程度的可信度和原始性。

由上所述，再结合唐锦泉所撰写的文章《商务印书馆附设的函授学校》，完全可以做出如下的推断，商馆函授学校的创办年份应该是1915年，而不是1914年。现在，商馆函校创办的具体年份问题已经解决了，但是它的具体月份到底是几月份呢?而下面将要论及的刊登在《申报》和《教育杂志》上的系列商馆函授学校招生广告将会对此给出一个明确的答案。《申报》在民国文化教育界有着重大的影响力，它在民国期刊出版界占据着举足轻重的位置。而《教育杂志》是当时公认的最具权威性的综合性教育类学术刊物之一，备受学界的赞许和好评。刊登于《申报》和《教育杂志》上的商馆函授学校系列招生广告，与回忆录性质的史料相比，在史料的原始性、精确性和动态性等层面上，所具有的优势当然是更胜一筹。

其三，《申报》对商馆函授学校创办时间的记载。在此，需要特别指出的是，翻阅1914年期间出版的《申报》，未见到任何有关商馆函授学校的招生广告，从1915年3月13日起，开始可以看到其陆续发布的一系列招生广告。这些招生广告较为详细地反映了初办之际的商馆函授学校的运转情况，具有相当高的史料价值。其具体情况如下：

1.《申报》在1915年3月13日发布了第一个商馆函授学校的预招生广告，具体内容如下：

> 商务印书馆附设函授学校英文科广告——欲求教育之普及，不能不兼恃校外之教育。函授学校即其一也。凡人有志求学，或僻处远方，或已过学龄，或执有职业，不能直入学校者，均可以通信教授，且无班次时期之牵制。人咸称便。敝馆前发行师范讲义，及现在之单级教授讲义，并于《教育杂志》附设答问，略师此意，稍竭壤流。近日屡得学界来信，要求敝馆设立函授学校，分别科目，任人选习，而以英文一科为言者尤多。敝馆延聘英文专家，编辑英文教科书籍。素蒙学界信用，今承不弃，复以函授见嘱，敢不勉竭绵薄，藉副厚望。现拟先设英文一科，一俟拟定章程，即行刊布，先此通告。伏祈，鉴察。[38]

由于《申报》是日刊，具有很强的时效性、动态性和延续性，所以这则广告很清楚地向社会各界传达了一个非常重要的讯息：商务印书馆函授学校正式创办的具体年份时间是在1915年3月13日前后。《申报》在1915年3月20日又发了第二个商馆函授学校的预招生广告[39]，广告标题和内容与第一个预招生广告完全相同。从1915年3月20日—1915年7月期间，在《申报》上未发现有任何相关商馆函授学校的招生广告。

2.到了1915年7月份，《申报》在7月4日开始发布商馆函授学校第一个正式面向社会的招生广告，其具体广告信息如下：

> 完全华商商务印书馆附设函授学社英文科紧要广告——敝馆前承各界以组织函授学社相嘱，拟先设英文一科，业经登报宣布，现已组织就绪，分为五级。区区之意，在使曾习英文、已有职业者，得以续求进步，而僻居内地、就学无方者，亦不致向隅。有志者不论程度若何，均可随时报名，任人何级。另有详细章程，如承索阅，请函至上海宝山路商务印书馆编译所内本社可也。报名处上海棋盘街商务印书馆总发行所。[40]

从上述招生广告，可以获悉商馆函授学校各项教学管理工作已经准备就绪，有志求学的社会民众可以随时报名，参加函授学习，并可以免费获得有关函授教育的详细章程。很清楚，商馆函授学校在正式创办4个月之后，也就是在1915年7月4日前后，向社会各界开始招收第一届函授学员。

3.从1915年7月4日到1915年8月30日期间，商馆函授学校通过《申报》连续发布了九次招生广告，其广告标题和具体内容与7月4日的正式招生广告基本相同。至1915年8月30日，《申报》发布商馆函授学校的第一个正式开学广告，其具体内容为：

COMMERCIAL PRESS Correspondence School ENGLISH COURSE商务印书馆附设函授学社紧要通告——本社前登告白，首先创办英文一科，近以报名者非常踊跃，已逾额定开办人数，用特通告开办。定于九月十五日寄发第一二三各级讲义、课卷用纸，现已印就发卖，每份一元五角，足够一级之用，本埠请向报名处购买。外埠请邮汇本社，当即照寄本社，为普及起见，并不限定学年学额，男女各界有志诸君，尽可随时报名入社，另备详章，函索即寄。上海宝山路商务印书馆附设函授学社启。[41]

从上述招生广告可以得知，商馆函授学校于1915年8月30日前后将已经报名的第一届函授学员正式确定为函授教育对象，并在9月15日向各级学员邮寄函授讲义，开始对学员实施函授教育。至此，商馆函授学校的教学与管理工作才开始有了实质意义上的正常运转。

其四，《教育杂志》对商馆函授学校创办时间的记载。认真翻阅1914年期间出版的每期《教育杂志》，未发现任何与商馆函授学校相关的招生广告、报道、新闻和文章。至1915年3月，在第3号的《教育杂志》中找到了第一个商馆函授学校的预招生广告[42]，无论是其广告标题，抑或是广告内容，都与同时期《申报》上刊登的预招生广告完全一样。

此后，我们又在1915年7月出版的第7号《教育杂志》中发现了第1个商馆函授学校的正式招生广告[43]，其广告标题和广告内容，也与同时期《申报》上刊登的正式招生广告完全一致。紧接着，我们又在1915年9月出版的第9号《教育杂志》中看到了商馆函授学校的第一个正式开学广告，开始对第一届学员实施函授教育，并在9月15日开始向各级学员寄发函授讲义[44]。不管是其广告标题，或是广告内容，都与1915年8月30日《申报》刊登的正式开学广告并无两样。

在此，需要做出解释的是，由于《教育杂志》是月刊，通常在每月的月初出版，出版、发行时间周期较长，因此在对信息的报道上，当然没有

《申报》（日刊）反映得及时，商馆函授学校在8月底发生的教学管理动态，相关广告自然要放在9月份出版的《教育杂志》上面。由此可见，商馆函授学校的正式开学日期应该是1915年8月30日前后，这种判断应该是没有任何问题的。

还有一点需要进行补充说明的是，商务印书馆于2008年12月份出版的《张元济全集·日记》（第6卷）对商馆函授学校的运转情况多有提及，对研究商馆函校具有宝贵的史料价值，可惜的是，日记独缺1914—1915年之间的记载，所以没有提及商馆函授学校的具体创办时间[45]。

综上所述，根据上述馆志类史料和几份报刊类史料对商馆函授学校的办学情况的记载，再结合唐锦泉的文章《商务印书馆附设的函授学校》，综合进行考虑和衡量，我们可以做出一个准确的判断，商馆函授学校的具体创办时间是1915年3月，正式对外公开招生时间是1915年7月，正式开学的时间是1915年8月末。

三、有关商馆函校停办时间的史实考辨

截至目前，在笔者能够查阅到的文献资料范围以内，学界对于商馆函数学校的停办时间有以下三种说法。

其一，认为商馆函授学校的停办时间为1946年9月。持这种观点的比较有影响力和代表性的论文和著作，与文中第二部分之第（一）小节提到的论文和著作完全一致，在此不再一一赘述。需要强调的是，所有持有这种观点的论文和著作，其所依据的史料都是来自于唐锦泉所撰写的文章《商务印书馆附设的函授学校》（1992年）[8]660。

其二，认为商馆函授学校的停办时间为1937年7月。主要有下列具有代表性的论文和著作：李占伦的《开放大学——大学发展历史的必然产物（一）》（2013年）[46]，《上海成人教育志》编纂委员会编写的《上海成人教育志》（2007年），等等。李占伦的文章参考了《上海成人教育志》对商馆函授学校的记载。《上海成人教育志》这样阐述商馆函校的办学时间："办学时间长达二十余年，至民国26年（1937年）抗日战争全民爆发后才停办"[20]307。其所依据的史料来源不详。

这种观点完全站不住脚，仅仅根据笔者所搜集到的一份民国二十八年（1939年）修订的《私立商务印书馆附设函授函授学校简章》就可以推翻上述观点。商馆函校的招生简章在某种程度上可以视为档案类的文献资

料，具有很高的史料价值。这份简章型号规格为32开，共计37页，简章的第1~2页专门提到了在抗战全面爆发后的历史背景下，为了满足广大失学青年继续接受中、高等教育的特殊需要，商馆函校在已有中学部的基础之上，又增设大学部[47]。

此外，还有一个非常重要的佐证，那就是在1937年10月3日至1939年6月4日的《申报》上面，依然能发现数量颇多的商馆函授学校的招生广告。例如，在1937年10月3日，《申报》刊登的一条招生广告标题为：《便利失学青年、继续减收学费；学费减收两成、展期于十月底截止——私立商务印书馆函授学校》[48]；在1939年3月26日，《申报》刊登的另一条招生广告标题为：《私立商务印书馆函授学校中学部、大学部招收学员》[49]。由此可以断定，《上海成人教育志》编纂委员会并没有深入发掘相关史料，就轻易妄下结论，这种草率的做法让人深感遗憾。

其三，认为商馆函授学校的停办时间为1941年12月，持有这种说法的主要有下列具有较高权威性和较大影响力的著作及论文。关世雄主编的《成人教育辞典》（1990年）这样介绍商馆函授学校："中国最早创办的函授教育机构。1914年成立，商务印书馆编译所所长张元济兼社长。……，为未能进普通中学或高等学校就读的青少年和在职人员提供学习机会。1941年12月因太平洋战争爆发而停办。"[17]471追踪溯源，下面将要提到的著作和论文都是根据《成人教育辞典》的阐述而论及商馆函校办学情况的，相关考证细节，详情见文中第二部分之第（二）小节的论述，受制于篇幅的限制，不再展开讨论。主要有下列具有代表性的著作及论文：顾明远和教育大辞典编纂委员会共同编纂的《教育大辞典·第3卷》（1991年）[18]432，齐高岱领衔主编的《成人教育大辞典》（2000年）[19]，张伟远、陈垄的《我国远程教育的起源、发展及其现实意义的探讨》（2001年）[27]24，等等。

商馆函授学校在1941年12月太平洋战争全面爆发后，究竟有没有继续坚持办学？根据唐锦泉在《商务印书馆附设的函授学校》一文的说法，商馆函授学校在抗日战争爆发后，在极其艰难的办学环境下，商馆函校依旧坚持办学，继续发挥函授教育独特的社会教育功能，直到1946年9月，商馆函授学校因缺乏编辑和管理人员而不得不停办[8]660。

在未发现新的史料之前，唐的这篇回忆录性质的文章，成为能够证明商馆函校停办时间为1946年唯一的一份史料依据。近日，笔者偶然在校图书馆找到了一本施冲鹏主编的《民国三十五年度上海市教育统计》一册，发行单位为上海市教育局统计室，出版时间1947年5月。翻阅到此书的第125页，赫然出现了一张"全市私立函授补习学校概况统计表（社10）"表格，一行"商务印书馆函授学校"字样映入眼帘，让人激动不已。这本统计册属于官方——上海市教育局的文献记载，具有相当高的史料价值。

根据这份统计表格的记载，在1945年至1946年6月期间，上海市的私立函授补习学校仅剩5所了，分别是：商务印书馆函授学校、白鹅书会函授学校、中华新闻函授学校、中国邮工新闻函授学校、中国工商管理函授学校。这份统计表格显示，商馆函校的学级数：4，学生数：233，职教员数：7。而其他4所函授学校所有统计项目显示的符号均为：……。作者特意在表格下方进行了说明"注：……记号为无有报告"[50]。由此可见，只有商馆函校还在继续办学，其他4所函授学校已经是"名存实亡"了。

随着民国政权的日益式微，1947年以后，上海市教育局没有再进行类似的教育统计工作，所以我们无法得知在1946年6月份之后，商务函授学校是否依旧坚持办学；但是我们在《申报》上却发现了商务印书馆函授学校先后于1946年6月6日[51]、8日[52]发布了两个停止办学的通告；除此之外，我们还在上海出版的《新闻报》上查阅到了商馆函授学校分别在1946年6月7日[53]、6月9日[54]公布的另外两个办学通告，上述四个通告内容完全相同，具体内容如下：

> 本校兵燹之余，各科讲义残缺极多，添印不易；加以交通梗阻，邮递困难，爰即自日起，暂行停办，并已于五月初停止招生新生。凡入学未满本校规定修业期限者，须于本年十二月底以前修毕全部课程，逾期以自行辍学论，如有变更住址者，迳函本校，当有详细办法奉寄。特此通告。

根据上述新发现的几份史料，可以肯定地说，商馆函授学校虽然在1946年5月停止招收新学员，尽管于1946年6月又宣布"暂行停办"，但实际上还在正常运转，就是仍然对未毕业学员坚持实施函授教育、"尽心尽责"，直到1946年年底，才真正全面停止办学。

一般来讲，回忆录性质的史料对重要历史事件的发生年份，通常情况下，应该不会记错，但是对其具体月份，则往往会出现与客观历史事实有所偏差的现象。因此，再综合考虑唐锦泉所撰写的文章，我们完全可以断定商馆函校的具体停办时间应该是1946年12月。

四、结语

经过对商务印书馆函授学校办学时间的史实考辨，现在我们可以得出这样的结论，商务印书馆函授学校从1915年3月成立，到1946年12月停办，经历长达31年的漫长办学经历，而与它处于同时代的同负盛名的中华书局附设函授学校仅16年的办学生涯（1926年3月至1941年12月[3]62-65），开明函授学校实际运转时间尚不足3年的光景（1932年4月至1934年冬季[4]73），可以毫不夸张地说，商馆函授学校几乎与中华民国"同呼吸、共命运"。商馆函授学校历经新文化运动、五四运动、北洋政府时期、南京国民政府时期、1922年新学制（壬戌学制）改革运动、1931年一·二八事变、抗日战争的全面爆发、1938年八·一三事变、太平洋战争的全面爆发等重大历史事件，不管遭遇何种社会变革和战争灾难，它始终可以屹立在民国函授教育界之林，堪称中国早期远程教育史上的一个"奇迹"。

商馆函授学校在长达30多年的办学生涯中，密切关注社会的变革和转型，先后开办共计25个不同门类的专业，涵盖了几乎所有的社会科学和自然科学领域；它始终坚持办学体制、办学层次、办学形式的多样化，以期更好地满足不同社会群体的个性化、差异化需求。仅仅至1937年7月，商馆函授学校的在读学员已经多达5万6千人，毕业学员共计数万人；它的学员几乎遍及中国所有的省份及东南亚地区，还有少量的学员来自于欧洲国家，它绝对是一所名副其实的国际性函授学校[2, 30, 55-58]。

究竟是怎么样的办学信念和办学力量持续不断地支撑着商馆函授学校走过30多个变化莫测的民国春秋？30多年社会变迁中的商馆函授学校的办学经历，蕴含了怎么样的函授教育、远程教育、成人教育规律，积累了怎样的办学经验，对当今的教育事业会带来什么样的重要启示？如果说民国社会的变革和转型为商馆函授学校的发轫、勃兴提供了历史的机缘，那么商馆函授学校又是怎样迎合和促进了民国社会的变革和转型？

民国时期是一个电子媒介资源相当匮乏的时代，在函授教育的过程中，无论是函授教学环节的顺利开展，还是教师与学生、学校与学生之间的沟通和交流，一切活动都要充分凭借和发挥纸质媒介资源的功能，才有可能取得成功；那么，无疑，商馆函授学校不但为商务印书馆提供了大批源源不断的读者群体，也为商务印书馆培养了一大批优秀的作者群体，而且还为商务印书馆的编辑群体提供了充足的后备遴选人才；同时，又为商务印书馆的多元化的社会关系网络的构建提供了一个充满张力的虚拟交际平台，商馆函授学校与商务印书馆的出版事业之间存在着怎么样的互动关系？提出的上述几个问题不仅具有较高的学术价值，亦不乏较强的现实意义。

到目前为止，学界对于商馆函授学校的系统性、深入性、全面性的研究成果至今仍然相当匮乏，当然，其中一个重要的原因就是史料的匮乏。随着一份份相关史料的浮出水面，商馆函授学校在中国函授教育史、远程教育史、成人教育史、职业教育史、社会教育史、出版文化史等诸多研究领域，都愈发呈现出重要的学术价值和现实意义。商馆函授学校值得我们进一步发掘大量的第一手或接近第一手的文献资料，持续关注和深入研究。我们在此热切盼望我国文化教育界在以后修订学术著作，或者编著新的学术著作，或者撰写学术论文的过程当中，在论及商馆函授学校的办学情况的时候，能够关注和参阅此篇文章，以期尽量避免以讹传讹，这也是笔者撰写这篇论文的价值所在了。

参考文献：

[1]履冰. 函授是教育社会化的实践和基础[J]. 文化通讯，1948（3）：8.

[2]丁伟. 《申报》对商务印书馆附设函授学社办学效果的记载[J]. 教学研究，2013（2）：15-19.

[3]丁伟. 民国时期中华书局附设函授学校办学经历概述、特点总结与其启示[J]. 兰州学刊，2012（7）：62-72.

[4]丁伟. 从《申报》看开明函授学校的办学特点及其启示[J]. 河北师范大学学报（教育科学版），2013（9）：72-80.

[5]严天牟. 中国之函授学校[J]. 教育杂志，1917，9（12）：71-75.

[6]上海商务印书馆函授学社为我国成绩最佳、信用最著之通信教授机关[N]. 申报，1927-08-10（3）.

[7]上海市教育局登记私立商务印书馆函授学校国文科、英文科招生[N]. 申报，1935-02-24（5）.

[8]唐锦泉. 商务印书馆附设的函授学校[G]//商务印书馆. 商务印书馆九十五年. 北京：商务印书馆，1992.

[9]肖永寿. 中国早期函授教育的产生和发展——商务印书馆函授教育的历史

中国近现代函授教育史专题研究

回顾[J]．四川师范学院学报（哲学社会科学版），1996（3）：91-94.

[10]陈斌．我国函授教育的产生和早期发展[J]．教育史研究，2004（4）：31-34.

[11]陈斌．论我国远程教育的产生极其初期发展[J]．广东教育学院学报，2005（6）：49-53.

[12]刘立德．商务印书馆与中国近代教育（1897—1937）[D/OL]．北京：北京师范大学，2008[2011-09-25]．http：//find．nlc．cn/search/showDocDetails?docId=18152139052994723871&dataSource=ucs01，bslw&query=%E5%95%86%E5%8A%A1%E5%8D%B0%E4%B9%A6%E9%A6%86%E4%B8%8E%E4%B8%AD%E5%9B%BD%E8%BF%91%E4%BB%A3%E6%95%99%E8%82%B2%EF%BC%881897%E2%80%941937%EF%BC%89.

[13]吴相．从出版作坊到出版重镇[M]．南宁：广西教育出版社，1999：204.

[14]董明传，毕诚，张世平．成人教育史[M]．海口：海南出版社，2002：16.

[15]夏征龙．辞海：上[M]．上海：上海辞书出版社，1979：923.

[16]赖春明．函授教育与管理[M]．北京：解放军出版社，1989.

[17]关世雄．成人教育辞典[M]．北京：职工教育出版社，1990：47.

[18]顾明远，教育大辞典编纂委员会．教育大辞典：第3卷[M]．上海：上海教育出版社，1991：432.

[19]齐高岱，赵世平．成人教育大辞典[M]．东营：石油大学出版社，2000：361.

[20]《上海成人教育志》编纂委员会．上海成人教育志[M]．上海：上海社会科学院出版社，2007：307.

[21]丁兴富．导论[M]∥丁兴富．远程教育学．北京：北京师范大学出版社，2009：4.

[22]夏征农，陈至立．辞海：第六版普及本（上）[M]．上海：上海辞书出版社，2009：1453.

[23]夏征农，陈至立．辞海：第六版典藏本（3）[M]．上海：上海辞书出版社，2011：1659.

[24]Editorials（编者语）[J]. 英文杂志，1915，1（1）：1.

[25]Editorials（编者语）[J]. 英语周刊，1915（1）：1.

[26]丁兴富. 我国远程教育的萌芽、创建和起步——中国远程教育的历史发展和和分期：1[J]. 现代远距离教育，2001（1）：6.

[27]张伟远，陈垄. 我国远程教育的起源、发展及其现实意义的探讨[J]. 开放教育研究，2001（4）：24.

[28]黄立志. 中国远程教育史纲[J]. 软件导刊，2010（11）：3.

[29]刘天成. 现代远程教学研究[M]. 高雄：高雄复文图书出版社，1999.

[30]丁伟. 有关商务印书馆附设函授学社的史料钩沉[J]. 职业教育研究，2010（10）：158-159.

[31]商务印书馆. 创立三十年商务印书馆志略[M]. 上海：商务印书馆，1926：31.

[32]商务印书馆. 商务印书馆志略[M]. 上海：商务印书馆，1929.

[33]C.P.C.S.News. 商务印书馆函授学社新闻——商务印书馆函授学社小史[J]. 英语周刊，1928（636）：760.

[34]课外补习之良师——英语周刊新号、初学英文者不可不读——休沐自修之善本[N]. 申报，1916-12-27（1）.

[35]教育部审定商务印书馆英语周刊第十三期出版[N]. 申报，1915-12-26（1）.

[36]邝富灼（Fong F. Sec）. Editorial：Making Books that Are Remaking China[J]. 英语周刊，1920（232）：436.

[37]商务印书馆英语周刊第二期出版[N]. 申报，1915-10-12（1）.

[38]商务印书馆附设函授学校英文科广告[N]. 申报，1915-03-13（1）.

[39]商务印书馆附设函授学校英文科广告[N]. 申报，1915-03-20（1）.

[40]完全华商商务印书馆附设函授学社英文科紧要广告[N]. 申报，1915-07-04：（1）.

[41]COMMERCIAL PRESS Correspondence School ENGLISH COURSE商务印书馆附设函授学社紧要通告[N]. 申报，1915-08-30（1）.

[42]商务印书馆附设函授学校英文科广告[J]. 教育杂志，1915，7（3）：封面背面.

[43]完全华商商务印书馆附设函授学社英文科紧要广告[J]. 教育杂

志，1915，7（7）：封面背面.

[44]COMME R CIAL PRESS Correspondence School ENGLISH COURSE商务印书馆附设函授学社紧要通告[J]. 教育杂志，1915，7（9）：书前彩色插页.

[45]张元济. 日记[M]//张元济. 张元济全集：第6卷. 北京：商务印书馆，2008.

[46]李占伦. 开放大学——大学发展历史的必然产物：1[J]. 天津电大学报，2013（2）：16.

[47]私立商务印书馆函授学校简章（内刊本）[Z]. [出版地不详]：[出版者不详]，1939：1-2.

[48]便利失学青年、继续减收学费；学费减收两成、展期于十月底截止——私立商务印书馆函授学校[N]. 申报，1937-10-03（3）.

[49]私立商务印书馆函授学校中学部、大学部招收学员[N]. 申报，1939-3-26（1）.

[50]施冲鹏. 民国三十五年度上海市教育统计[M]. 上海：上海市教育局统计室，独立出版社印刷厂，1947：125.

[51]上海私立商务印书馆函授学校通告[N]. 申报，1946-06-06（5）.

[52]上海私立商务印书馆函授学校通告[N]. 申报，1946-06-08（9）.

[53]上海私立商务印书馆函授学校通告[N]. 新闻报，1946-06-07（2）.

[54]上海私立商务印书馆函授学校通告[N]. 新闻报，1946-06-09（12）.

[55]丁伟. 《申报》对一·二八事变后商务印书馆附设函授学社的记载[J]. 湖北函授大学学报，2012（9）：110-111.

[56]丁伟. 一份弥足珍贵的史料：一·二八事变后重订的《商务印书馆函授学社简章》[J]. 出版史料，2011（3）：91-98.

[57]丁伟. 商务印书馆函授学社国语科办学特点及其启示：上[J]. 湖北第二师范学院学报，2012（10）：64-67.

[58]丁伟. 商务印书馆函授学社国语科办学特点及其启示：下[J]. 湖北第二师范学院学报，2012（11）：49-53.

（原文载《兰州学刊》，中文核心期刊、CSSCI来源刊，2014年第9期）

有关中华书局函授学校
创办时间的史实考证

摘要：中华书局函授学校在中国近代函授教育史、出版文化史上都占据着相当重要的位置，但是自从1957年以来，受制于已有史料的束缚，学界对于其具体创办时间说法不一，难以达成定论。目前学界对中华函授学校创办时间的观点主要存在3个不同版本的说法：一说是1926年，但无法确定其具体的月份；另外一说是1926年9月；还有一说是1926年底。综合考察近期发现的多份文献资料，经过史实考证，可以发现以上观点皆不够准确。较为准确的表达方式应该是：中华书局函授学校创办于1926年3月，首先开办英文一科；至1926年8月，开始对第一批英文科初等一、二、三级函授学员实施函授教育；至1926年12月，又开始对英文科高等一、二、三级函授学员实施函授教育。弄清楚上述这个问题能帮助我们更好地构建、再现和理解当时这一重要的历史图景，有助于推动学界对中华书局函授学校进行深入性、持续性的研究。

关键词：中华书局函授学校；创办时间；史实考证；历史图景

一、引言

中国近代较为正式的函授教育发端于商务印书馆函授学校，自从商务印书馆于1915年3月创办国人自办的第一家函授学校以来[1]，这种从欧美引进的新型开放式教育制度在长达25年的时期之内，未能进入公立教育领域，一直没有得到民国政府的正式认可和接受。到了1940年3月，重庆国民政府行政院所管辖的侨务委员会宣布正式创办一所公立的侨民教育函授学校[2]，至此，上述这种状况才逐步开始得到改变。

在1915年至1940年期间，各种不同类别的私立专门函授学校在民国函授教育领域中占据着绝对的统治地位。在数量众多的私立函授学校中，商务印书馆函授学校、中华书局函授学校、大东书局函授学校、开明函授学校均"有着显著的成绩和光荣的历史"，取得了较为突出的办学效果和良好的社会效益[3]。而"国内函授学校以商务印书馆及中华书局之函授学校较佳，且亦不完全以敛财为目的"[4]。著名出版史专家吴永贵教授在其撰写的博士论文《中华书局与中国近代教育》（2002年）中这样论述中华书局函授学校所具有的重要历史作用："从最终的效果来说，上万人的函授规模，出版社无疑从中赚到了钱，宣传了自己，提高了与同业的竞争力，可以说是获得了良好的经济效益；而函授教育的举办，又为众多青年业余补习提供了再学习的机会，为社会培养了一大批有知识的人才，又可以说是兼具了长远的社会效益。""用今天的话，就是做到了社会效益和经济效益的良好结合。"[5]148

由此可见，无论是从近代函授教育史的层面，还是从出版史的层面去审视、衡量，对中华书局函授学校进行专题研究都具有较高的学术价值和现实意义。自从20世纪50年代以来，学界对中华书局函授学校的办学情况一直保持着较高的关注程度，先后已有一定数量的学术著作和硕博论文涉及对其办学状况的介绍。但是，由于受制于史料的束缚，学界对于其创办时间始终未能达成统一的定论；而弄清楚这个问题能帮助我们更好地构建、再现和理解当时这一重要的历史图景，有助于推动学界对中华书局函授学校（以下简称"中华函授学校"）进行深入性、持续性的研究。

二、学界已经发现的相关史料状况综述

截至2015年，根据笔者所掌握的文献资料，已经出版的有关中华书局出版史的各种相关文献史料的数量、总量与分量都是相当客观的，可是涉及中华函授学校办学情况的文献史料却不多见。自从20世纪50年代以来，已经公开出版的提及中华函授学校创办时间的文献史料全部都是来自于资料汇编类著作，其中具有较高权威性、较大影响力的相关著作共计5部，详情如下：

1.出版时间最早的一部是由著名出版家张静庐先生所编著的《中国出版史料补编》（1957年）一书。这部书籍所记载的中华函授学校的创办时间是1926年，但没有给出具体的月份。书中这样写道，中华书局在"1926年开办中华书局函授学校英文科"[6]。

2.中华书局编辑部在1987年2月所编写的《回忆中华书局》一书收录了一篇由吴铁声所撰写的题目为《解放前中华书局琐记》的文章，提及了中华函授学校的创办时间，文章认为其创办时间是1926年9月[7]。

3.著名编辑出版学专家宋应离教授领衔编写的《中国当代出版史料》（1999年）一书收录了一篇由著名出版家、历史学家李侃先生所撰写的题目为《中华书局的70年》的文章，这篇文章记载了中华函授学校的创办时间。文中这样谈到，中华书局在"1926年起，并开办中华书局函授学校"[8]。

4.中华书局在2002年1月出版的《陆费逵与中华书局》一书中涉及中华函授学校的办学时间。这部著作收录了一篇由俞筱尧所撰写的题目为《陆费伯鸿与中华书局》的文章，专门概括性介绍了中华函授学校的一些整体办学情况，文中认为中华函授学校的创办时间是在1926年[9]。

5.中华书局在2002年6月出版的由中华书局编辑部所编写的另外一部史料汇编类著作《中华书局九十周年纪念1912—2002》也提到了中华函授学校的办学时间。书中这样写道，"1926年开办中华书局函授学校，英文科开始招生"[10]。

由是观之，以上所列举的这5部具有代表性的史料汇编类著作对中华函授学校创办时间的观点存在两种说法，一种观点认为中华书局在1926年9月开始创办中华函授学校。另外一种观点认为中华书局从1926年起开办中华函授学校，但尚不能确定其具体月份。

三、学界已经取得的相关研究成果综述

截至完稿之际，在笔者所能够掌握的文献资料范围之内，我国学术界已经取得的涉及中华函授学校创办时间的比较有代表性的研究成果主要有下列：

1.由学者李本达、张乐依、顾太主编的《汉语集称文化通解大典》（1992年）介绍了中华函授学校的办学情况。书中这样写道，"1926年起，开办中华书局函授学校"[11]。

2.由著名历史学家张宪文教授所领衔主编的《中华民国史大辞典》（2001年）提及了中华函授学校的创办时间，认为中华书局在"1926年起开设中华书局函授学校"[12]。

上述两部词典类工具书都没有给出相应的参考文献，因此我们无法获悉其史料的来源，当然，这也是编写辞典所秉承和坚持的一贯风格。

3.学者林伟在其编著的《两大印书馆》（1998年）一书中谈到中华函授学校的创办时间，认为中华书局从"1926年起，并开办中华书局函授学校"[13]91。

4.商标史研究专家左旭初在其撰写的《著名企业家与名牌商标》（2008年）一书中在介绍著名出版家陆费逵生平事迹的时候，提到了中华函授学校的创办时间。书中这样道，"1926年底，陆费逵先生又开办中华书局函授学校，对外招收英文科学生"[14]。

5.浙江大学中国近现代史专业黄宝忠博士在2007年1月所撰写的博士论文《近代中国民营出版业研究——以商务印书馆和中华书局为考察对象》涉及对中华函授学校的论述。这篇博士论文没有被发布在中国知网上面，而是被中国国家图书馆所收藏。论文认为中华书局函授学校创办于1926年，具体月份不详[15]138-139。

6.著名出版史专家吴永贵教授在其于2002年所撰写的博士论文《中华书局与中国近代教育》中比较详细地探讨了中华函授学校的整体办学情况。这篇博士论文认为中华函授学校创办于1926年9月[5]144-147。

在此需要做出补充说明的是，上述两部学术著作和两篇博士论文在提及中华函授学校创办时间的时候，均都没有给出所依据的参考文献，因此，我们无法弄清楚其所依据的史料来源于何处。

由上所述可知，目前学界已经取得的比较有代表性的相关研究成果对中华函授学校创办时间的观点存在三种不同版本的说法。一说是创办于1926年，但无法确定其具体月份；一说是创办于1926年9月；第三种说法是创办于1926年底。前两种说法与文中第二部分提到的那5部史料汇编类著作对中华函授学校创办时间的记载完全相同。在这5部史料汇编类著作中，持有中华函授学校创办于1926年（月份不详）的这种说法，最早出现在由张静庐先生所编著的《中国出版史料补编》（1957年）一书中。而持有中华函授学校创办于1926年9月的这种观点，最早出现在由中华书局编辑部所编写的《回忆中华书局》一书（1987年）中。由于这两部史料汇编类著作出版时间较早，由此可以断定，目前学界已经取得的上述涉及中华函授学校创办时间的6部研究成果虽然没有指出其所依据的文献资料，但是很有可能参阅了《中国出版史料补编》和《回忆中华书局》这两部史料汇编类著作，从而造成了目前学界存在的对中华函授学校创办时间所普遍认可的两种不同版本的说法，即一说是1926年（月份不详）；另外一说是1926年9月。

四、对新近发现的多份文献资料的公布与解读

1.1926年3月，中华书局首先在《中华教育界》（月刊）上发布了第一

个有关中华函授学校的招生广告，这份标题为《如何自习英文——中华书局附设函授学校先开办英文科初等三级、高等三级》广告对确定中华函授学校的具体创办时间具有非常重要的文献史料价值，很有必要在此给予全部公布其广告内容，详情如下：

英文一科在中等学校几为必修，商界交际应用尤广，顾良师难得，每有学习数年而音欠准确、文法错误者，废时耗材良可慨也。

略识拼法者即可入初等第一级，以后循序渐进，高等毕业可具优良高中毕业程度。

校长吴任之博士（健），主任沈问梅先生（彬）。讲义由各讲师编辑，如东吴大学文科教授白约瑟学士（Mr. Joseph Whiteside, B. A.），东南大学教授李玛利硕士，江苏一中校长陆殿扬先生，前北京师大、农大教授陆费执硕士，留美哥伦比亚通儒院马润卿先生以及戴昌藻硕士、吴献书、朱恬持、张似旭、刘元龙诸学士批改课卷，除各讲师外，另聘教员，如上海南洋大学教授杜光祖学士，长沙工大教授俞通甫硕士……等，而大考课卷则由校长吴博士、主任沈先生亲自批定。毕业生如达到两次奖金者考入大学者，每年由本校担任学费两百元以奖勤学，办法详见校章。

现在开办伊始，特别优待，减收半费，九月底以前中华书局十五周年纪念期内，更赠书券两成，即初等第一级一次缴费者，学费二十元，现收半费，仅十元，再送赠书券二元。初等第二级以上一次缴者，学费三十元，现收半费仅十五元，再送赠书券三元。校址：上海静安寺路中华书局。报名处：上海各省中华书局。[16]

2.随后，就在1926年4月，中华书局又在《中华教育界》上公布了第二个有关中华函授学校的招生广告，这条标题为《中华书局附设函授学校英文函授讲义——开办伊始，减收半费》的广告比较详细地介绍了中华函授学校英文科初等一、二、三级和英文科高等一、二、三级所开设的每一门专业课程的具体情况[17]。到了1926年7月，《中华教育界》又刊发了另外一个招生广告，这条标题为《自修英文之好机会——中华书局附设函授学校英文科》的招生广告与上述的那条广告的内容基本相同[18]。

3.除了在当时一份具有权威性的教育类专业期刊——《中华教育界》上发布招生广告之外，中华书局为了扩大招生影响力，提升中华函授学校的办学知名度，从1926年6月份又开始在学界具有较大影响力的《学衡》（

中国近现代函授教育史专题研究

月刊）上公布了一条非常重要的相关招生广告，这条广告重点对中华函授学校英文科的"分科、科目、毕业、奖励"等方面的办学情况进行了概括性的介绍，其相关具体内容如下：

分科——分初等英文科、高等英文科各三级，程度约与初中、高中相当；别设选科，任选一科或数科，由浅入至深均有。

科目——初等第一级注重基本练习：读本、文法、会话之外，更有正音、拼法、造句、习字、记字捷径等；以下各级，程度逐渐加高，期毕业后，可入大学直接听讲。

毕业——每级一年，但得缩为半年，或延长至二年。课艺由教员批阅，如有疑义质问，由教员批答。每级读完，给修业证书；三级读完，给毕业证书。

奖励——每级读完，考试最优之前三名，均有现金奖励；如高等毕业，曾得两次奖金者，考入大学，由本社担任学费每年二百元。[19]

随后，中华书局又在1926年7月、8月、9月出版的《学衡》杂志上先后发布了有关中华函授学校的招生广告，其广告标题依次为：《如何自习英文——中华书局附设函授学校先开办英文科初等三级、高等三级》[20]，《中华书局附设函授学校英文函授讲义——开办伊始、减收半费》[21]，《中华书局附设函授学校英文函授讲义——开办伊始、减收半费》[22]。

4.在1926年9月4日，中华书局又开始在《申报》上发布了一条有关中华书局函授学校的招生广告，这是《申报》刊发的第一个有关中华函授学校的招生广告。这份招生广告对确定中华函授学校的具体开学时间具有非常重要的史料价值，因此，很有必要将这份史料内容给予全部公开，详情如下：

分科——分初等英文科、高等英文科各三级，程度约与初中、高中相当；别设选科，任选一科或数科，由浅入至深均有。

科目——初等第一级注重基本练习：读本、文法、会话之外，更有正音、拼法、造句、习字、记字捷径等；第二级更加翻译、作文、尺牍等；第三级更加新闻、文件等；高等第一级，更加文学史、修词学、上古史等；第二级更加名著文选、商业尺牍、中古文、介词活用法等；第三级更加文学研究法、欧美名言、公文程式；尤注重翻译，各级均有。

开学——本年八月一日先开初等一、二、三级。高等一级，至高等二、三级，冬间可以开全。[23]

至1926年12月，根据《申报》上刊发的一条招生广告——《自修英文之好机会——中华书局附设函授学校英文科六级全开》的记载，中华函授学校英文科的高等一、二、三级也已经正式开学了[24]。

五、结语

综上所述，在办学期间，除了在《申报》上动态地刊登一些招生广告之外，中华书局也充分利用了自身所拥有的丰富的纸质媒介资源的优势，通过其出版的《中华教育界》《学衡》等人文社科类期刊，及时向社会各界介绍、宣传中华函授学校办学的进展情况。自从在1926年3月的《中华教育界》上刊发第一个招生广告之后，中华书局一直都在积极地进行宣传、组织招生工作。到了同年的8月，即1926年8月1日，中华函授学校英文科公开向社会宣布正式"开学"，开始对招收到的第一批英文科初等各级学员实施函授教育。任何一所私立学校从其正式组建，到招生宣传，再到正式开学都会经历一段较长的时间周期，更何况中华函授学校又是一所新型的迥别于普通学校的开放式学校呢。

综合考察上述多份文献资料的记载，毋庸置疑，现在我们完全可以做出这样的断定：中华书局函授学校创办于1926年3月，首先开办英文科一科；至1926年8月，开始对第一批英文科初等一、二、三级函授学员实施函授教育。至1926年12月，又开始对英文科高等一、二、三级函授学员实施函授教育。至此，中华书局函授学校英文科初等三级、高等三级已经全部正式开学。这一结论就充分说明了，目前学界对中华书局函授学校创办时间的观点所存在的三个不同版本的说法皆不准确。

探寻历史真相、澄清历史事实、避免以讹传讹，这是每一位历史学研究者的义不容辞的职责和神圣的使命。我们在此热切地盼望着广大文化教育界的同仁们在以后修订学术著作，或者编著新的学术著作，或者撰写学术论文的过程当中，在论及中华函授学校办学情况的时候，能够关注和参阅本文，这也是笔者撰写这篇论文的最大价值所在了。

参考文献：

[1]丁伟. 民国时期商务印书馆函授学校办学时间史实考辨[J]. 兰州学

刊，2014（9）：93.

[2]重庆行政院二十六日上午开第四五八次会议——军事外交报告外决议各案[N]．申报，1940-03-27（4）．

[3]履冰．函授是教育社会化的实践和基础[J]．文化通讯，1948（3）：8.

[4]信箱——询函授学校情形[J]．学友之友，1942，5（4）：44.

[5]吴永贵．中华书局与中国近代教育（1912—1949）[D/OL]．武汉：武汉大学，2002[2015-08-28]．http：//find．nlc．cn/search/showDocDetails?docId=3392135565039367822&dataSource=ucs01，bslw&query=%E4%B8%AD%E5%8D%8E%E4%B9%A6%E5%B1%80%E4%B8%8E%E4%B8%AD%E5%9B%BD%E8%BF%91%E4%BB%A3%E6%95%99%E8%82%B2.

[6]张静庐．中国出版史料补编[G]．北京：中华书局，1957：568.

[7]吴铁声．解放前中华书局琐记[G]∥中华书局．回忆中华书局．北京：中华书局，1987：98-99.

[8]李侃．中华书局的70年[G]∥宋应离，袁喜生，刘小敏．中国当代出版史料：第4卷．郑州：大象出版社，1999：405.

[9]俞筱尧．陆费伯鸿与中华书局[G]∥俞筱尧，刘彦捷．陆费逵与中华书局．北京：中华书局，2002：235-236.

[10]中华书局编辑部．中华书局九十周年纪念1912—2002[G]．北京：中华书局，2002：35.

[11]李本达，张乐依，顾太．汉语集称文化通解大典[M]．海口：南海出版公司，1992：57.

[12]张宪文，万庆秋，黄美真．中华民国史大辞典[M]．南京：江苏古籍出版社，2001：264.

[13]林伟．两大印书馆[M]．南京：蓝天出版社，1998：91.

[14]左旭初．著名企业家与名牌商标[M]．上海：上海社会科学院出版社，2008：260.

[15]黄宝忠．近代中国民营出版业研究——以商务印书馆和中华书局为考察对象[D/OL]．杭州：浙江大学，2007：138-139[2015-08-28]．https：//kns．cnki．net/kcms/detail/detail．aspx?dbcode=CDFD&dbname=CDFD9908&filename=2007050205.nh&uniplatform=NZKPT&v=GrjF7Iy9vJdqA_tihBeDi5KJF62yd7uIq7kNpvCfnUmStWPV1gp51N1ox8aHzA

Zx.

[16]如何自习英文——中华书局附设函授学校先开办英文科初等三级、高等三级[J]. 中华教育界，1926，16（3）：书首黑白插页.

[17]中华书局附设函授学校英文函授讲义——开办伊始，减收半费[J]. 中华教育界，1926，16（4）：书首黑白插页.

[18]自修英文之好机会——中华书局附设函授学校英文科[J]. 中华教育界，1926，16（7）：书首黑白插页.

[19]中华书局附设函授学校最新式大规模的英文函授讲义——开办伊始、减收半费[J]. 学衡，1926（54）：书首黑白插页.

[20]如何自习英文——中华书局附设函授学校先开办英文科初等三级、高等三级[J]. 学衡，1926（55）：书首黑白插页.

[21]中华书局附设函授学校英文函授讲义——开办伊始、减收半费[J]. 学衡，1926（56）：书首黑白插页.

[22]中华书局附设函授学校英文函授讲义——开办伊始、减收半费[J]. 学衡，1926（57）：书首黑白插页.

[23]中华书局附设函授学校最新式大规模的英文函授讲义——开办伊始、减收半费[N]. 申报，1926–09–04（6）.

[24]自修英文之好机会——中华书局附设函授学校英文科六级全开[N]. 申报，1926–12–25（3）.

（原文载《史志学刊》，2015年第4期）

中国近现代函授教育史专题研究

有关开明函授学校
办学起止时间的史实考辩

摘要： 开明函授学校在中国教育史和出版文化史上都占据着非常重要的位置，学界对此保持了较高的关注。已有的史料认为其创办时间为1933年夏季，停办时间为1934年冬季，这一说法已被学界普遍认可。但是，综合考察《申报》和一些教育类文献资料对此的记载，可以确定其创建时间是1932年4月，正式开办时间是同年5月，其停办时间是1935年2—3月期间。开明函授学校值得我们高度重视，继续深入发掘相关文献资料，给予持续关注和深入研究。

关键词： 开明函授学校；《申报》；办学起止时间；史实考辨

一、引言

开明书店作为20世纪初期在上海出现的一家中等规模的进步书店，虽然在近代出版史上的影响力远不及商务印书馆、中华书局等老牌民营出版机构，但是，如果把开明书店与近代教育事业有机地结合起来，它短暂的26年的出版经历却是格外引人瞩目。开明书店这个由进步文化人士组织的出版机构，对传播进步的科学文化知识、促进教育事业发展卓有贡献。难能可贵的是，在中国教育近代化的艰难发展历程中，开明书店及其同人以独特的出版理念，成功运用办理教育的方式，充分而合理地利用书籍的教育功能和出版机构所具备的一切可以利用的教育资源，对中等教育的普及，学校教育和社会教育的变革及发展做出了极其重要的贡献，同时，也形成了开明书店鲜明的教育特色。开明书店在20世纪30年代所创办的开明函授学校就是其中一个极其鲜明的个案。

开明函授学校兼顾普通教育和职业教育，就在其开办不久，其办学声誉就已经声名远扬，其办学规模竟然超出当时办学历史悠久、办学声誉显赫的商务印书馆函授学校和中华书局函授学校。它在中国近代早期远程教育史、函授教育史、职业教育史、社会教育史的发展历程中，都占据着非常重要的地位。与商务印书馆函授学校、中华书局函授学校相比，开明函授学校的教学管理体制更加灵活多变，更加富有弹性，更加具有本土色彩，可谓是特色鲜明、独树一帜，在中国函授教育史上产生了深远的影响。开展对开明函授学校的专题研究，不仅具有重要的学术价值，亦不乏较强的现实意义[1]。开明书店创办函授学校，还有一个重要的目的，"把（函授）讲义当作书本来销行，出版讲义就是销书，而且是先收费，还有连续性，也可以带起其他的参考书和课外读物的销路，对营业有利，这是一个很好的计划"[2]250。由此可见，探寻开明函授学校的办学历史轨迹，不仅对于教育史而言，就是对于出版文化史的研究，也具有不可忽视的学术价值和重要的历史意义。

学界对于开明函授学校一直保持着较高的关注程度，已有数篇期刊论文、硕博论文和学术专著涉及这一主题的探讨，受制于篇幅的所限，相关具体论述，恕在此不再一一赘述。但是，受制于史料的束缚，有关对开明函授学校的办学起止时间这一问题的探讨，所依据的文献资料都是出自中国出版工作者协会所编写的《我与开明》这部书中所收录的两篇文章：《开明函授学校简述》和《重印〈开明国文讲义〉后记》。根据上述史料的记载，开明函授学校的创办时间是在1933年夏季，停办时间是在1934年冬季。这两篇论文的作者分别是长期供职于开明书店的章克标和叶至善先生，他们都是知名的编辑出版专家和著名学者。毋庸置疑，上述两篇回忆录性质的史料类文章对后人研究开明函授学校的办学历史轨迹，都具有重要的史料价值和参考价值。但是，回忆录性质的史料类文章对一些历史事件相关细节内容的记载，往往不够精确和准确。而报刊类和其他类型的史料却可以很好地弥足这一不足和缺陷。根据《申报》和一些教育类文献资料的记载，可以发现，开明函授学校的办学起止时间与上述两篇文章对此的记载，存在着较大的差异。

《申报》在民国时期的新闻出版界和文化教育界具有非常重要的影响力和极其强大的传播力，享有很高的声誉，它是研究中国近现代史不可替代的极其重要的文献参考资料，具有很高的史料价值，这已经是被学界所公认的事实。特别需要指出的是，在民国时期，函授教育是一种从欧美引进的新型开放式教育体制，中国近代函授教育正处于它的兴起和重要发展阶段。数量众多的各种私立函授学校为了更好地向国人宣传、介绍这种新型的教育体制，改变国人的传统教育观念，推动函授教育的发展和普及，特意在《申报》上刊登了一系列数量可观的招收广告、通告和布告。上述教育类广告为后人了解上海一地函授教育事业的发展动态提供了非常宝贵的文献资料。综合考察《申报》和其他类型的教育类文献资料对开明函授学校办学时间的记载，我们有充分的理由相信，上述这些史料所具有的客观性、真实性、原始性和准确性都是值得信赖的。溯本正源，追寻历史真相，避免以讹传讹，这是每一位学者的义不容辞的义务和责任。下面，我们将相关文献资料一一给予呈现，以求教于学界的各位方家。

二、有关开明函授学校创办时间的史实考辩

1932年4月14日，开明书店在《申报》上面公布了第一个有关开明函授学校的招生广告，其具体内容为：

> 本讲义社由开明书店创办，特聘富有中学教学经验之各科专家，依中学课程标准，编成浅明易解之讲义，使有志上进之失学青年得于职务余暇，修得中学程度之全部知识，并使在校就学者亦得课外修业，补益校课之机会。筹备迄今已逾一年之计，兹国难期内，失学者骤形增多，爰于本年五月开始发行讲义，并于七月以前特别减低社费，征求社员。[3]

然后，又在同年的4月30日，开明书店在《申报》上面又发布了一个相关的招生广告，"……。本社系开明书店创办，专为未能入中学校的青年谋就学的便利。特聘富有中学教育经验的教师，编成说明易解之讲义，按月发社员阅读。……"[4]。紧接着，在同年的5月14日开始向第一批招收的函授学员邮寄函授讲义，"本社讲义第一卷第一期已经出书，分别寄送各社员及订阅诸君。……"[5]。

一年后，开明书店于1933年7月1日在《申报》上面又发布了一个非常重要的招生广告——《上海市私立开明函授学校招收学员通告》："本校原名开明中学讲义社，现遵上海市教育局令，改称今名，并蒙准于登记。"[6]

根据上述四个招生广告，可以断定，开明函授学校的原名（即前身）是开明中学讲义社，而不是已发现的史料所记载的一开始就命名为开明函授学校。早在1931年4月前后，已经开始筹备创办开明中学讲义社。随着九·一八事变、一·二八事变的接连爆发，失学青年人数突然增多，鉴于上述原因，开明书店在1932年4月正式组建开明中学讲义社，面向社会开始正式招生。很快，在同年5月开始向第一批学员邮寄函授讲义。后来，响应

上海市教育局的要求，开明中学讲义社在1933年7月改名为开明函授学校。

除此之外，还有两个非常重要的佐证，其一：根据民国时期著名调查学家、记者、资深新闻出版人许晚成所编著的《上海大中小学调查录》的记载，开明函授学校的开办时间是在1932年5月[7]，这与《申报》对此的记载是基本上一致的。其二：开明中学讲义社在1932年8月开始面向函授学员发行一种刊物——《社员俱乐部》，这份期刊不对外公开发行，仅仅针对函授学员。发行这种刊物的目的十分明确，"《社员俱乐部》的刊行，是想实实在在的给社员诸君一些助益，因此本刊不想做成一般的杂志，只想做成社员诸君的课余良伴"[8]。不难断定，《社员俱乐部》是由开明中学讲义社（开明函授学校的前身）主办的一种函授辅导刊物，这也充分说明早在1932年8月之前，开明函授学校就已经存在了。

综上所述，上述发现的新史料充分证明了开明函授学校的创办时间不是已有史料所记载的1933年夏季，准确的说法应该是：明函授学校的原名为开明中学讲义社，它创建于1932年4月，在1932年5月开始向第一届函授学员邮寄函授讲义，在1933年7月改名为：开明函授学校。

三、有关开明函授学校停办时间的史实考辩

1934年10月20日，开明函授学校在其函授辅导刊物《上海市私立开明函授学校学员俱乐部》之《编者的话》栏目中，发布了一个重要通知："现在因为学员人数激增，本校事务日繁，虽增加办事员，还觉得不能应付裕如。因此从本期起，拟把本刊告一段落，暂时停刊，以便腾出时间和精力来为学员诸君谋其他方面的利益。"很显然，由于开明函授学校的发展几乎没有任何过渡期，可谓是一举成名，办学事业直达巅峰，由此急剧膨胀的办学规模、急速增加的学员人数已经远远超出了人数有限的教职员工队伍的承受能力，不得不宣布停办"学员间'联络感情和交换知识'的机关"——函授辅导刊物[9]。函授辅导刊物的宣布停办虽然意味着开明函授学校教学管理工作的正常运转出现了严重问题，但是，至少到1934年10月20日，开明函授学校还在坚持办学，在近期一段时间，也没有打算停办的意图。宣布暂时停办函授辅导刊物，其目的是抽出更多的时间、人力和精力去解决存在的问题，更好地推动函授教学活动的顺利开展。

受制于史料的束缚，目前已经发现的所有相关史料都没有记录开明函授学校的具体停办时间，但是根据1937年5月出版的《中华民国二十三、二

十四年度上海市教育统计》的记载，1935年初期，开明函授学校还在正常办学[10]。然而，在正常办学期间，开明函授学校各科讲义不对外公开出版和发售，只是在开明函授学校停办之后，才把各种不同类别的函授讲义按照课程归类，作为单行本出版发行[11]。"函授学校停办后，就把讲义分科出版，国文、算学、英文、历史、地理、物理、化学、动物、植物、生理卫生、图画、音乐各科具备，名叫《开明中学讲义》，专供有志自学的青年选用。"[12]

在1935年5月，开明书店在《申报》上首次刊登以开明函授学校的名义公开向社会发行这套函授讲义——《开明中学讲义》的广告[13]，但是根据公开发售的第一版《开明英文讲义》的记载，其首次出版时间是在1935年3月，且首次正式公布这套英文讲义的署名作者为林语堂和林幽[14]。又根据前面所述的《中华民国二十三、二十四年度上海市教育统计》的记载，在1935年初期，开明函授学校还在坚持办学，由此可以判断，开明函授学校的具体停办时间应该在1935年2月—3月期间。在妥善安置好学员之后，"开明当局考虑到自己的力量，从全局出发，只好'知难而退'"。开明书店迫不得已，不得不把其附属的函授学校停办[2]250-251[11]。

综上所述，不难断定，开明函授学校的停办时间不是在1934年冬季，而应该是在1935年2月—3月期间。

四、结语

开明函授学校的办学经历明显地不同于与它同样办学声誉显赫的商务印书馆函授学校和中华书局函授学校，它没有经历办学期间的发展阶段，开办之后不久，便得到社会广大民众的认可，取得了令人称赞的办学业绩。而商务印书馆函授学校的办学时间持续了30余年[15]，中华书局函授学校的办学时间也有16年之久[16]，上述两所函授学校都经历了初步发展时期、调整时期，然后再进入其办学兴盛阶段。正当其从事的函授教育事业蒸蒸日上之际，开明书店却突然宣布停办其附属的函授学校，可谓是从山峰跌入谷底，反差如此之大，不免让人感慨万分。

尽管办学成就十分突出，但其实际正常办学时间还不到3年，其中所蕴含的种种原因，值得后人对此进行深入的思考和探究。在如此之短的时间内，开明函授学校竟然能够取得如此显著的办学效果，今后，我们将会一如既往地发掘、搜集和整理不同类型的相关文献资料，认真梳理，深刻探讨，总结其办学成败的经验和教训。以史为鉴，可以知兴替，从而为当代的出版教育事业、陷入生存危机的高等函授教育、遭遇办学困境的高等成人教育和生机勃勃的计算机网络远程教育提供有价值的启发和借鉴。继续深入探讨开明函授学校的历史办学轨迹，不仅可以帮助我们更好地理解和洞察中国近代出版事业与近代教育事业之间存在怎样的密切关联、两者的互动关系，而且还非常有助于拓宽、构建和再现中国近代出版文化史的多姿多彩的历史图景。

参考文献：

[1]丁伟. 从《申报》看开明函授学校的办学特点及其启示[J]. 河北师范大学学报（教育科学版），2013（9）：72-80.

[2]章克标. 开明函授学校简述[G]//中国出版工作者协会. 我与开明. 北京：中国青年出版社，1985.

[3]开明中学讲义开始发计广告[N]. 申报，1932-04-14（1）.

[4]失学者的福音——开明中学讲义社可替你解决种种困难，有志上进，请速报名入社[N]. 申报，1932-04-30（10）.

[5]开明中学讲义社通告[N]. 申报，1932-05-14（4）.

[6]上海市私立开明函授学校招收学员通告[N]. 申报，1933-07-01（6）.

[7]许晚成. 函授学校之部[M]//许晚成. 上海大中小学调查录. 上海：上海龙文书店，1935：3.

[8]开明中学讲义社. 编者的话[J]. 社员俱乐部，1932（1）：封底.

[9]开明中学讲义社. 编者的话[J]. 上海市私立开明函授学校学员俱乐部，1934（8）：封底.

[10]上海市社会局第五科. 中华民国二十三、二十四年度上海市教育统计[M]. 上海：上海市社会局发行，良华印刷所印刷，1937（民国二十六年）：169.

[11]叶至善. 重印《开明国文讲义》后记[G]//中国出版工作者协会. 我与开明. 北京：中国青年出版社，1985：280.

[12]唐锡光. 开明的历程[G]//中国出版工作者协会. 我与开明. 北京：中国青年出版社，1985：296.

[13]开明函授学校讲义五种[N]. 申报，1935-05-12（1）.

[14]林语堂，林幽. 开明英文讲义：第1册[M]. 上海：开明函授学校出版，开明书店印行，1935：书首版权页.

[15]丁伟.《申报》对商务印书馆附设函授学社办学效果的记载[J]. 教学研究，2013（2）：15–19.

[16]丁伟. 民国时期中华书局附设函授学校办学经历概述、特点总结与其启示[J]. 兰州学刊，2012（7）：62–72.

（原文载《佳木斯大学社会科学学报》，2014年第5期）

《申报》对上海
函授大学办学历程的记载

摘要：上海函授大学是国人创办最早的一所专门函授大学，在中国近现代函授教育、远程教育发展历程中都占据着举足轻重的地位。受制于史料的束缚，学界已取得的相关研究成果极其匮乏。1925年8月至1929年3月期间出版的《申报》对上海函授大学的办学历程留下了宝贵的记载。发掘、整理、公布、并解读《申报》刊登的有关其办学历程的文献史料，非常有助于我们构建、再现和理解上海函授大学的办学历史图景。不仅能够指正学界已有研究成果的谬误，澄清历史事实，避免以讹传讹；而且为进一步研究近代上海函授大学提供了极其宝贵的、不可或缺的史料依据。

关键词：《申报》；上海函授大学；办学历程；记载；史料依据

一、研究背景

回顾与展现中国近现代函授教育、远程教育的历史发展轨迹，其中有两个重要办学节点格外引人瞩目。

其中一个办学节点是：综合考察自身办学资源优势和时代变革发展的需要及广大社会民众的实际需求，上海商务印书馆于1915年3月创办的商务印书馆附设函授学社，首先开办英文一科，这是国人创办的最早的一所专门函授学校（属于中等办学层次），开启中国近代函授教育之先河[1]67-70。

另外一个是：20世纪20年代，一批文化教育界精英人士为了推广高等教育，通过函授教育的方式为社会各界培养大批高等专门人才，特此在上海成立了"中国首创"的上海函授大学，成为中国近代高等函授教育之滥觞。"本校为我国唯一之函授大学，规模宏备，组织完善。"[2]

由此可见，无论是商务印书馆附设函授学社还是上海函授大学，在中国函授教育、远程教育的发展历程中都占据着举足轻重的位置，都具有重要的历史意义。只要论及中国函授教育史、远程教育史，以上两所专门函授学校都是无法绕开、回避的两个关键的办学历史节点。因此，这两所函授学校具有较高的个案研究价值是显而易见的。

二、相关研究成果文献综述

截至2021年,在我们能够翻阅到的各种文献资料中,自从20世纪90年代以来,我国学术界对商务印书馆函授学社一直保持了较高的热度,佳作迭出,已取得多项比较有代表性的专题研究成果[1,3-7]。但是,学界对近代上海函授大学的关注程度却远远不够,已问世的研究成果可谓是凤毛麟角,少之又少,仅仅发现只有三份与之有关的研究成果专门介绍了上海函授大学的办学情况。

其一,1997年8月出版的《上海成人教育》刊发的一篇论文《上海解放前的远距离教育》,专门概述了近代上海函授大学的办学情况,相关内容如下:

从(二十世纪)二十年代起,上海有些教育界人士曾试图开办比较正规的函授高等学校,1925年,由李龙江、马震百、吴凯声等人发起,经过一年筹备后于1926年8月成立了上海函授大学,学校设文、法、商三科及国文、英文、商业、艺术、新闻等专科;文、法、商三科学制为4年,各专科为2年;文科主任王国维,法科主任吴凯声、艺术科主任徐悲鸿。有志者不分男女老少均可入学,学习年限可长可短,以课程修完为准。但办学不久,北伐军进至上海,时局突变,学校停办。[8]

其二,2007年5月由上海社会科学院出版社出版的一部著作《上海成人教育志》,也专门介绍了近代上海函授大学的办学情况,详情如下:

自清末至民国时期,上海函授教育均以短期、单门学科为主。惟一的一所参照普通高等学校规格的函授大学是民国15年(1926年)成立的上海函授大学,也是中国最早的函授大学。

上海函授大学由李龙江、马震百、徐仁镕、周平、吴凯声等人发起创办,经过1年筹办后于民国15年(1926年)8月招生。设文、法、商三科及国文、英文、商业、艺术、新闻等专修科。文、法、商各科为4年制,每年收费54元。专修科除新闻、公牍为半年制外,其他专修科国文、英文、艺术等均为2年制。各科主任有法科吴凯声、国文科王国维、艺术徐悲鸿。有志向学者随时可入学,年限可长可短,以课程进修完成为准,男女老少均收,不论省界之别。校址在牛庄路。[9]

其三，2019年8月由企业管理出版社出版的一部学术专著《开放与远程教育学》在文中对近代上海函授大学做出了如下的介绍：

> 1926年8月，李龙江等人在上海市牛庄路创办了上海函授大学，师资水平很高，聘请了当时王国维和徐悲鸿等大师级人物作为教师。这是我国最早的以'函授大学'命名的高校，代表了1949年前我国函授教育初期的最高水平。[10]

上述论述内容是目前我们能够发现的仅有的三份论及上海函授大学办学情况的研究成果，对了解上海函授大学具有一定程度的文献参考价值。但是，由于文中未标出这段论述内容所依据的文献史料，因此我们很难对其客观性、可信度做出正确的考量、判断和评价。

如上所述，上海函授大学在中国近代函授教育、远程教育及成人教育的发展历程中都占据着重要的位置，但是学界已取得的研究成果不仅寥寥无几，而且对其进行整体性、系统性、深入性的研究程度还有待于大幅度提升。造成上述研究现状的其中一个最主要的原因就是原始文献史料的匮乏。只有在发掘、梳理、解读大量的第一手的民国文献资料的前提下，学术界对上海函授大学的研究现状才有可能取得突破。

最近，翻阅并认真浏览20世纪20年代出版的《申报》，可以发现从1925年8月至1929年3月期间出版的《申报》刊登了一系列有关上海函授大学的招生广告、通告与新闻报道，非常有助于我们构建、再现和理解上海函授大学的办学历史图景。

在此很有必要强调一下《申报》所具有的重要史料价值。《申报》在近代中国创刊时间最早、出版延续时间最长、影响力最大。《申报》刊登的广告、新闻、各类文章广泛涉及社会、政治、经济、文化、教育等多个方面，内容丰富，记载详实，被视为研究中国近现代历史的"百科全书"[11]。报刊作为记录当时正在发生的社会事件的特殊载体，除了它的新闻学价值外，还具有丰富的历史文献价值和多重的社会文化价值。历史学家们不仅在理论上认识到报刊的历史文献价值，而且在做史学研究时也特别重视从报刊上发掘有价值的文献资料[12]。

如上所述，我国学术界已有的研究成果概括性地介绍了上海函授大学的创办时间、创办人员、创办过程、办学形式、修习年限、专业设置、各专业负责人等基本办学信息，但是，令人遗憾的是，学界所取得的相关研究成果与《申报》对此的记载却存在着较大的差异性。不难断定，《申报》所刊登的有关上海函授大学办学动态的一系列的文献资料，不仅能够指正学界已有研究成果的谬误、澄清历史事实、还原历史真相、避免以讹传讹，而且为进一步研究上海函授大学提供了极其宝贵的、不可或缺的史料依据，其具备的重要史料价值是不言而喻的。受制于篇幅所限，下面我们主要将涉及上海函授大学办学历程的原始文献史料给予整理、公布，并对此进行分析、阐述和探讨。

三、《申报》对上海函授大学办学历程的记载

（一）上海函授大学创办于1925年8月，并公开招收函授学员

1925年8月27日出版的《申报》首次刊发了一条《上海函授大学招生》广告，详情如下：

> 本校学科分哲学系、社会学系、心理学系、教育系、新闻学系、政治学系、法律学系、经济学系、商业学系、图书馆学系、中国绘画系、西洋绘画系、中国文学系、英国文学系、日本文学系；并设日文、英文、法文、德文、俄文五种专修科。本科学费三十元，外国语专修科十六元。备有奖金，鼓励学者。凡在九月底以前报名，学费减半，以示优待。函索详章，须附邮三分。校址：上海北四川路横滨桥士庆路四十号。[13]

紧随其后，1925年8月28日出版的《申报》又刊发了一则与上述广告标题、广告内容完全相同的招生广告，再次确定认了上述办学信息[14]。

上述招生广告明确向社会各界传达了以下几个重要办学信息：

其一，上海函授大学已经准备就绪，正式公开向社会各界招收函授生，并备有详细的招生简章；校址位于：上海北四川路横滨桥士庆路四十号。

其二，凡是在1925年9月底之前办理报名手续的函授学员都可以享受学费半折的优惠政策。

其三，上海函授大学开设的本科学科种类繁多，多达15个专业；开设的外国语专修科共计5个专业。很显然，上海函授大学是一所以本科为主导、兼顾专科学历的人文社科类函授大学。

根据以上重要办学信息，我们可以做出如下断定：上海函授大学创办于1925年8月，并公开向社会各界招收第一届高等函授学员。

（二）1926年3月初创办面授班，函授班未能正常运转

如上所述，上海函授大学分别于1925年8月27日、28日在《申报》上刊发了同一条《上海函授大学招生》广告；自此之后，一直到1926年3月期间，我们在《申报》上再也无法寻觅到任何有关上海函授大学办学动态的蛛丝马迹。直至1926年3月6日《申报》又开始刊登有关上海函授大学的办学信息，这条办学信息被刊发在《教育消息》栏目上，详情如下：

> 法界民国路四三九号上海函授大学，本学期附设女子昆剧系。凡有中学程度、经该校认可者，即得入学。每日除教授昆剧外，并加授国文、英文，以期学艺兼重。闻现已聘得昆剧名师及国文、英文专家，分任指导之责。日来报名者，异常踊跃。目下尚有余额可补。[15]

紧随其后，《申报》在3月7日、8日分别刊发了同一条《上海函授大学附设女子昆剧系招生》广告，具体信息如下：

> 本校为发扬国乐及提倡女子艺术起见，特设女子昆剧系。专聘海内昆剧名师担任教授。数月之后，保证登台表演。并聘文学专家、英文学士担任补习，以期学艺并进。日后并须加授西洋跳舞、中国古乐。闺阁名媛、高雅女士盍兴乎来？
>
> 程度：在中学肆业及有相当程度者。学额：五十名。学费：每月五元，半年廿元。开学：阴历正月二十五日。报名处：上海法界东新桥街口民国路四三九号。本校章程函索即寄。学额无多，报名从速。[16-17]

然后，《申报》在3月9日又刊登了一则有关上海函授大学办学动态的重要新闻报道，具体内容如下：

> 民国路四三九号上海函授大学，自今春起，特设女子昆剧系一科，教授女子昆剧。并聘海上著名跳舞家，教授各种舞蹈及音乐。闻已定三月九日开学云。[18]

根据上述所介绍的三份文献史料，我们可以做出下列推断：上海函授大学虽然早在1925年8月就已经正式组建，并向社会各界招收第一届高等函授学员，但由于某种特殊原因（或许是生源不足、或许是准备不够充分、或许是其他原因）导致上海函授大学开办的高等函授班未能正常运转，并一度中断办学长达半年之久。直到1926年3月上海函授大学又创办女子昆剧系，恢复办学，再次向社会各界招收学员，只不过是其授课方式发生了变

化，由函授变为面授。

上海函授大学附设女子昆剧系可以被视为其组建的一种以面授教学方式为主体的教学机构，即上海函授大学面授班。上海函授大学面授班受到了社会民众的关注、认可和欢迎，报名者数量众多，"日来报名者，异常踊跃"；"学额无多，报名从速"。由此可见，上海函授大学面授班（即上海函授大学附设女子昆剧系）的招生、录取工作进展颇为顺利，各项教学与管理工作有条不紊地步入正常轨道；校址位于上海法界东新桥街口民国路四三九号；并于1926年3月9日正式开学。

（三）1926年2月重新筹办函授班，9月开始招收第一届学员

1.早在上海函授大学附设女子昆剧系（即面授班）正常运转之前，上海函授大学校务委员会在1926年2月再次启动了组建函授班的筹备工作，并于1926年4月8日召开了有关的"欢宴会"，共商函授班筹备大计。1926年4月9日出版的《申报》对这一重要教育事件给予了较高的关注，并刊发了一则较为详细的新闻报道，具体内容如下：

> 上海函授大学校务委员吴凯声博士，王士颖博士，马震百，李龙公，周郁年，徐仁镕等，因鉴于函授事业为普及教育之急务，特于今春筹办函授大学，于法界民国路四三九号；内容暂分文、法、商三科，及艺术、英文、国文、新闻学、公牍等专修科。现正从事广聘各科教授、编纂讲义。

> 昨日该校开欢宴会于三马路共乐春，到会者除校务委员王士颖博士因事缺席外，有该校新聘之艺术科主任、艺术专家徐悲鸿，商科主任经济学博士周增奎，商学硕士陆梅僧，法科主任、法学博士吴凯声，上海华洋大律师朱树桢及沈文华、高英等。由徐仁镕主席，席间，首，由吴凯声博士演说函授大学之重要。继，由徐悲鸿详述函授艺术之方法、及提议函授学员奖励法，与创办上海函授大学图书馆；并谓鄙人不久有罗马之行，故对于校务，只能做通信上之贡献。俟将来返国后，再当以实力规划一切。次由周增奎博士、朱树桢大律师等相继发表意见而散。[19]

两个月之后，1926年6月15日出版的《申报》再次刊发了一条有关上海函授大学函授班筹备工作进展情况的新闻报道，详情如下：

> 上海函授大学为吴凯声、王士颖、马震百、李龙公、周郁年、徐仁镕等校务委员所组织，内容暂设文、法、商三科及国文、英

文、艺术、商业、新闻学、公牍等专修科；筹备已将半载，各科主任及教授，大都聘请就绪，从事编撰讲义。

最近该校新聘《新闻报》主笔严独鹤为新闻学专修科主任，关税特别会议委员叶玉麟、南洋大学教授李联奎为国学系教授，文学硕士、哲学博士夏士屈里为英文系主任，法权会议咨议、法学博士魏道明为法律学系主任，法政大学、光华大学教授、法学硕士楼桐荪为政治学系主任，复旦大学、持志大学教授、经济学硕士王人麟为经济学系主任。世界书局英文部编辑主任严畹滋、《神州日报》总主笔吴朱麟、宏材大学教授严荫武、远东大学教授章元凤等为各科教授。该校详章及讲义，均已付梓。大约暑期前即可开始招生云。[20]

根据上述这两则新闻报道，我们可以获悉以下四个重要办学信息：

其一，上海函授大学校务委员会委员吴凯声博士、王士颖博士、马震百、李龙公、周郁年、徐仁镕等人士，考虑到函授教育事业事关重大、非常有助于推动高等教育的普及程度，特于"今春"（即1926年春）重新启动函授班的筹备工作。高等函授本科专业暂时开设"文、法、商三科"；高等函授专科主要开办"艺术、英文、国文、新闻学、公牍等专修科"。

其二，上海函授大学于1926年4月9日召开的"欢宴会"实际上亦是一次函授教学研讨会。在这次函授教学研讨会上，各位专家、学者针对函授班的筹备工作畅所欲言、集思广益、群策群力，阐述、分享、交流、探讨了有关函授大学的重要功能、艺术专业的函授教学方法、函授学员的奖励办法、上海函授大学图书馆之创办等诸多函授教学与管理领域的见解、观点、建议。通过这次函授教学研讨会，上海函授大学校务委员会进一步加深了对高等函授教学特点、规律的认知能力与理解能力。这次函授教学研讨会的成功召开至少在高等函授教学的精神层面上，进一步推动了上海函授大学函授班的各项筹备工作的顺利进展。

其三，上海函授大学为了保证教学质量，正在积极向社会各界招聘高水平的专家、学者。已经聘请到位的兼职函授教师主要有下列：艺术专家徐悲鸿，经济学博士周增奎，商学硕士陆梅僧，法学博士吴凯声，上海华洋大律师朱树桢及沈文华、高英，新闻学专修科主任严独鹤（即严复），国学系教授叶玉麟（关税特别会议委员）、李联奎（南洋大学教授），英文系主任夏士屈里（文学硕士、哲学博士），法律学系主任魏道明（法权会议咨议、法学博士），治学系主任楼桐荪（法政大学、光华大学教授、法学硕士），经济学系主任王人麟（复旦大学、持志大学教授、经济学硕士），世界书局英文部编辑主任严晼滋，《神州日报》总主笔吴朱麟，宏材大学教授严荫武，远东大学教授章元凤，等等。

上海函授大学的师资力量雄厚、阵容强大，师资队伍可谓是名师荟萃、大师云集。上述由社会各界知名专家、学者、权威人士组建的一支超豪华阵容的一流师资队伍，不仅能够为保障高质量的函授讲义的编写、高水平的函授教学效果提供强有力的人才智力资源支撑，而且还能够有效地提升广大社会民众对这种迥别于传统课堂教学模式的开放式教育模式的关注程度，加大对高等函授教育的宣传力度和广度，可以有效地提升社会各个阶层对高等函授教育的认可度和信任度，从而有助于高等函授教育事业在近代中国的推广和普及。

其四，截至1926年6月15日，上海函授大学"筹备已将半载，各科主任及教授，大都聘请就绪"。不仅如此，"该校详章及讲义，均已付梓"。

通常情况下，对一所即将开办的函授学校而言，学校章程、函授讲义的编纂工作至关重要。一份较为完备的学校章程应该包括该校的办学宗旨、招生对象、修习年限、专业课程设置、教学与管理制度等办学信息。一份编纂较为详实的函授大学章程可以为函授教学活动的正常开展提供制度保障。而函授教育不同于全日制学校教育的一种开放式教育体制，它是在教师有目的、有计划的指导下，以学员自学为主、集中面授为辅，并且具备较为完整的函授教学环节的一种打破时空界限、师生异地交流模式的远距离教育形式。但是，中国早期的远程教育，从整体上而言，基本上都缺乏集中面授的函授教学环节。在二十世纪二三十年代电子媒介极度匮乏的时代背景下，教学活动大都是借助纸质媒介（函授教材）来完成的，而作为学员获取知识的主要来源——函授教材，在教学活动过程中扮演着极其重要的角色，它直接关系到函授教学的成败[1]161。无疑，函授章程与函授讲义是任何一所函授教育机构在开展招生宣传工作之前，所必须具备的两个物质要素，上海函授大学开办的函授班当然亦不能例外。这两项工作的顺利完成就意味着上海函授大学所设置的高等函授班的各项筹备工作已接近尾声，很快就要转入下一个办学阶段了。

由是观之，无论是在函授教育的物质层面，还是在函授教育的精神层面，上海函授大学函授班的各项筹备工作都已经准备就绪，万事俱备、只欠东风；第一届函授学员的招生宣传工作即将开展，"大约暑期前即可开始招生云"。

2.按照上海函授大学的工作计划，大约在1926年暑假来临之前启动函授班的招生宣传工作，但是计划赶不上变化，实际上未能如愿。1926年8月30日出版的《申报》刊发的一条有关上海函授大学函授班的筹备工作动态的新闻报道对于我们探讨其函授班的招生时间具有重要的史料价值，具体信息如下：

> 李龙公、马震百、徐仁镕、周平（即周郁年）、吴凯声博士等所创办之上海函授大学，因科目繁多，设备匮易。自今春正月起，原定筹备时期为一年；近因各省学子索章报名、催速开学者日多，特由校务会员会决议提早开学，定于夏历八月初开始登报招生。该校文、法、商三科，以及国文、英文、商业、艺术、新闻学、公牍等专修科讲义，业已编纂告竣。[21]

根据以上这条新闻报道，我们可以获悉如下办学信息：

其一，上海函授大学"自今春正月起"（即1926年2月）重新开启函授班的筹备工作，由此我们可以把上海函授大学函授班的重新筹备时间确定为"1926年2月"。"因科目繁多，设备匮易"，因此原计划把函授班的筹备期限定为一年，但是由于各省广大莘莘学子纷纷来函、强烈要求尽快开学，经过校务委员会讨论，最终决议提前开学，"定于夏历八月（即1926年9月）初开始登报招生"。

其二，上海函授大学经过近半年的精心筹备，根据前期各专业的筹备状况，最终确定即将登报招生的本科专业有以下三门："文、法、商三科"；即将登报招生的专科专业有以下若干门："国文、英文、商业、艺术、新闻学、公牍"等专修科。

3.按照上述新闻报道提供的这个重要线索——"定于夏历八月（即1926年9月）初开始登报招生"，我们认真地翻阅、浏览、解读在1926年9月期间出版的每一份《申报》，发现从1926年9月24日起上海函授大学函授班开始在《申报》发布招生广告——《上海函授大学招第一届男女学员》，这条广告的具体信息如下：

本科：（一）文科—张务源博士主任；（二）法科—吴凯声博士主任；（三）商科—周增奎博士主任。

专修科：（一）国文科—王国维先生主担；（二）英文科—夏

士届里博士主任；（三）商业科—王人麟硕士主任；（四）新闻科—严独鹤先生主任；（五）公牍科主任—朱树桢律师主任；（六）艺术科—徐悲鸿先生主任。函索详章，附邮四分。上海浙江路、牛庄路上海函授大学校务委员会。[22]

根据上述这条招生广告的记载，我们可以获悉以下两个重要办学信息：

其一，上海函授大学函授班面向社会招生的本科专业共计3个，分别是：文科、法科、商科；面向社会招生的专科（即专修科）专业共计6个，分别是：国文科、英文科、商业科、新闻科、公牍科、艺术科。办学地点位于上海浙江路、牛庄路的交汇处。

其二，函授本科各专业主任名单如下：文科主任张务源博士；法科主任吴凯声博士；商科主任，周曾奎博士。函授专修科各专业主任名单如下：国文科主任王国维；英文科主任夏士届里博士；商业科主任王人麟硕士；新闻科主任严独鹤（即严复）；公牍科主任朱树桢律师；艺术科主任徐悲鸿。

此外，1927年1月1日出版的《申报》刊登的另外一条有关上海函授大学的招生广告，为探讨其修习年限、专修科办学层次提供了重要的史料依据，相关广告信息如下：

科别——本科：文科、法科、商科；各科主任：张务源博士，吴凯声博士，周增奎博士；毕业年限：四年。纳费总数——半年缴付：三十元；一年缴付：五十四元。科别——专修科：国文（初级一年、高级二年）、英文（初级两年、高级二年）、新闻（半年）、公牍（半年）、艺术（二年）。各科主任：王国维先生，夏士届里博士，王人麟硕士，朱树桢律师，徐悲鸿先生。……[23]

上述广告内容非常明确地传达了以下重要办学信息：上海函授大学函授班本科3个专业的修习年限一律都是4年，不分初级、高级，须一气呵成，才能获得毕业证书。上海函授大学函授班新闻专修科、公牍专修科的修习年限为半年，艺术专修科的修习年限为2年。但是函授班国文专修科却分为初级、高级两个办学层次，初级国文科修习年限为1年，高级国文科修习年限为2年；不同级别的函授学员完成学业后，分别可以获得初级国文科毕业证书、高级国文科毕业证书。其英文专修科亦是如此，分为初级、高级两个办学层次，其修习年限都是2年；不同级别的函授学员完成学业之后，分别可以获得初级英文科毕业证书、高级英文科毕业证书。

很显然，上述两条招生广告不仅弥补了学界已有研究成果的不足，而且还指正了其中存在的谬误之处（详情见本文第二部分的阐述内容）。

（四）至1928年2月专业设置发生调整、办学地点发生变化

至1928年2月，上海函授大学函授班专修科的专业设置发生了重要调整，1928年2月3日出版的《申报》刊登的一则《上海函授大学招生》广告对这次专业设置的调整留下了宝贵的记载，有关广告信息如下：

宗旨：本校为我国惟一之函授大学，其目的在以经济的方法灌输高深之智识。凡有志向学，而学力上、财力上、时间上、地域上发生困难者，不拘年龄程度，随时皆可入学。分科：大学部已办文、法两科；另设国文、公牍、新闻、英文速记四专修科。讲义由专家编纂，铅印装成小册；内容、外观均臻美善；批改大课卷、解答疑难，详明迅速。地址：本春起，迁至上海河南路、爱而近路新址办公。函索简章，附邮即寄。上海函授大学启。[24]

由上述招生广告可知，上海函授大学在1928年2月把函授班专修科的专业设置由以前的6个专业调整为4个专业，这4个专业的名称分别是：国文、公牍、新闻、英文速记专修科。而且其办学地点亦发生了变迁，从以前的"上海浙江路、牛庄路"搬迁至"上海河南路、爱而近路"。

（五）至1928年8月随着办学规模的日渐扩大，办学地点再次发生变化

至1928年8月，随着生源的日益增多、教员人数的不断增加、教学与管理组织机构体系的逐渐完善，"所有旧校舍不敷应用"，上海函授大学需要更大的办学场地，将其办学地点再一次进行迁移，由以前的"上海河南路、爱而近路"又搬迁至"上海法租界辣斐德路、萨坡赛路"。1928年8月2日出版的《申报》刊登的一条《上海函授大学迁移通告》对这次办学地点的迁移事件做出了较为详细的解释和说明，详情如下：

本学校为整顿校务、扩增学额起见，所有旧校舍不敷应用，特迁移至萨坡赛路二二三号洋房办公。并添聘博士、硕士多人担任教务。分科：大学部已办文、法两科。另设国文、公牍、新闻、英文速记专修科。讲义由专家编纂，铅印装订成册；内容、外观均臻美善。批改课卷、解答疑难，详明迅速。地址：上海法租界辣斐德路、萨坡赛路。函索简章，附邮即寄。上海函授大学启。[25]

由上述通告可知，上海函授大学函授班从1926年9月招收第一届函授学

员以来至1928年8月期间，正是得益于其具备的一流的师资力量、符合社会需求的专业课程设置、高质量的函授讲义、完备的函授教学与管理制度等诸多因素，在短短不到2年的时间内，便迅速扩大了其办学影响力，赢得了较高的社会信誉，最终取得了较为显著的办学效果。

（六）至1929年3月仍在正常办学

根据1929年3月17日出版的《申报》刊发的一则《上海函授大学招生》广告的记载，截止到1929年3月，上海函授大学仍在正常办学。这条招生广告的具体内容如下：

> 本校为我国惟一之函授大学，其目的在以经济的方法灌输高深之智识，本届招收以下各科男女新生。本科一：文科，本科二：法科。专修科一：国文专修科，二、新闻学专修科，三、公牍专修科，四、英文速记科。函索简章，附邮即寄。上海函授大学启。地址：上海萨坡赛路。[26]

从这条招生广告中，我们可以获悉以下重要办学信息：1929年3月上海函授大学函授班还在面向社会招收各科男女新生，依然处在正常的办学状态之中。值得注意的是，根据文中第二部分的论述内容，《上海解放前的远距离教育》这篇文章却持有以下这种观点：上海函授大学办学不久之后，"北伐军进至上海，时局突变，学校停办"。众所周知，北伐军进攻上海的时间是1927年3月。显而易见，这种观点与上述招生广告所提供的办学信息不一致，不符合历史事实。

在此需要特别指出的是，近期经过多次浏览、翻阅1929年3月17日后出版的一系列纸质版、电子版《申报》，我们再也无法从中找到任何有关上海函授大学的办学信息。到目前为止，受制于史料的束缚，我们尚且无法断定其具体停办时间。

四、结语

综上所述，根据《申报》对近代上海函授大学办学历程的记载，我们可以做出以下的判断：学术界已有的研究成果对上海函授大学的创办时间、创办人、创办过程、办学形式、修习年限、专业设置、各专业负责人等基本办学信息的介绍，不够准确，亦不够完整。

我们应该对近代上海函授大学的基本办学信息做出如下的介绍：

上海函授大学创办于1925年8月，同月，公开向社会各界招收函授学员，男女不限，年龄不限。其校址位于上海北四川路横滨桥士庆路40号。

1926年3月初，上海函授大学又创办面授班，即附设女子昆剧系；面授班于3月9日开学，其校址位于法租界民国路439号。

由于某种特殊原因，函授班未能正常运转，为此上海函授大学校务委员吴凯声博士、王士颖博士、马震百、李龙公、周郁年、徐仁镕等人在1926年2月重新开启函授班的筹备工作，经过近半年的精心筹备，在1926年9月开始招收第一届函授学员。上海函授大学函授班开设的本科专业共计3个：文科、法科、商科；专修科专业共计6个：国文科、英文科、商业科、新闻科、公牍科、艺术科。本科各专业修习年限为4年，如半年缴费一次，学费30元；如一年缴费一次，学费54元。新闻、公牍专修科为半年制，艺术专修科为2年制。国文、英文专修科分初、高级两个办学层次，初级国文专修科为1年制，高级国文专修科为2年制；初级、高级英文专修科都是2年制。

本科的文科、法科、商科各专业主任依次是：张务源博士、吴凯声博士、周曾奎博士。专修科的国文科、英文科、商业科、新闻科、公牍科、艺术科各专业主任依次是：王国维、夏士屈里博士、王人麟硕士、严独鹤（即严复）、朱树桢律师、徐悲鸿。其办学地点位于：上海浙江路、牛庄路的交汇处。

1928年2月，上海函授大学把专修科的专业设置由以前的6个调整为4个，这4个专业分别是：国文、公牍、新闻、英文速记专修科。其办学地点亦发生变迁，把其办学地点迁移至上海河南路、爱而近路的交汇处。

1928年8月，随着办学规模的不断扩大，上海函授大学需要更大的办学场地，将其办学地点又搬迁至上海法租界辣斐德路、萨坡赛路的交汇处。

至1929年3月，上海函授大学仍在正常办学。受制于史料的束缚，目前我们尚且无法断定其具体停办时间。

毋庸置疑，依据《申报》刊登的各种有关上海函授大学办学动态的文献资料，分析、探讨其办学历程，不仅可以指正学界已有研究成果的不足和缺陷，澄清历史真相；更为重要的是，还可以为进一步探讨上海函授大学的办学状况提供较为详实的史料支撑。我们热烈地盼望着今后学界在介绍、探讨近代上海函授大学的办学情况的时候，可以浏览、参阅、并引用这篇文章的若干观点及其所发掘、公布的若干文献史料，这也是我们撰写此篇论文的最大价值。

参考文献：

[1]丁伟. 近代民营出版机构的英语函授教育（1915—1946年）[M]. 北京：商务印书馆，2017.

[2]中国首创、规模宏大——上海函授大学招生[N]. 申报，1926-11-27（2）.

[3]肖永寿. 中国早期函授教育的产生和发展——商务印书馆函授教育的历史回顾[J]. 四川师范学院学报（哲学社会科学版），1996（3）.

[4]张石红. 张元济与中国近代函授教育[J]. 文史杂志，1997（1）.

[5]张东. 中国早期函授教育形成与发展研究[J]. 浙江教育学院学报，2004（4）.

[6]陈斌. 我国函授教育的产生和早期发展[J]. 教育史研究，2004（4）.

[7]李艳莉. 民国时期商务印书馆函授教育研究[J]. 中国成人教育，2019（4）.

[8]谢培. 上海解放前的远距离教育[J]. 上海成人教育，1997（Z2）：74-75.

[9]《上海成人教育志》编纂委员会. 上海成人教育志[M]. 上海：上海社会科学院出版社，2007：309.

[10]黄立志. 开放与远程教育学[M]. 北京：企业管理出版社，2019：26.

[11]上海图书馆. 近代中文第一报《申报》[M]. 上海：上海科学技术文献出版社，2013：1-16.

[12]孔正毅，包鹏程. 近现代报刊多元价值初探[J]. 出版发行研究，2004（3）：74-76.

[13]上海函授大学招生[N]. 申报，1925-08-27（3）.

[14]上海函授大学招生[N]. 申报，1925-08-28（3）.

[15]教育消息——学校消息汇志：上海函授大学[N]. 申报，1926-03-06（7）.

[16]上海函授大学附设女子昆剧系招生[N]. 申报——本埠增刊，1926-03-07（2）.

[17]上海函授大学附设女子昆剧系招生[N]. 申报——本埠增刊，1926-03-08（1）.

[18]教育消息——函授大学兼授昆剧[N]. 申报，1926-03-09（12）.

[19]教育消息——上海函授大学欢宴会纪[N]. 申报，1926-04-09（7）.

[20]教育消息——上海函授大学之教授[N]. 申报，1926-06-15（11）.

[21]教育消息——学校消息汇志：上海函授大学[N]. 申报，1925-08-30（11）.

[22]上海函授大学第一届招男女学员[N]. 申报，1926-09-24（2）.

[23]中国首创、规模宏大——上海函授大学招生[N]. 申报，1927-01-01（7）.

[24]上海函授大学招生[N]. 申报，1928-02-03（5）.

[25]上海函授大学迁移通告——招收新生[N]. 申报，1928-08-02（6）.

[26]上海函授大学招生[N]. 申报，1929-03-17（7）.

（原文载《文教资料》，2022年第1期）

上篇　函授教育文献史料专题研究

有关《上海成人教育志》第9章"远程教育"第1节"函授教育"的若干补正
——以《申报》的记载为考察中心（上）

摘要：上海社会科学院出版的《上海成人教育志》之第9章"远程教育"第1节"函授教育"的撰述具有非常重要史料价值和学术价值，但是经过考证和核对，可以发现其对一些函授学校办学情况的介绍与《申报》的记载不相符合，出现了较多的错误和不当之处。在此前提下，文章认真分析了产生上述问题的具体原因，并提出了一些有针对性的建议，以期将来可以更好地提高这部教育专志的撰写水平。

关键词：《上海成人教育志》；函授学校；补正；《申报》

一、引言

先后历经达15年之久，《上海成人教育志》终于在2007年5月由上海社会科学院正式出版了。这部教育专志的框架由总述、大事记、正文、附录四大部分构成，另带有序与后记各一篇，全书91.7万字。《上海成人教育志》记录时间长，跨度将近百年；涉及内容极为广泛，几乎涵盖了近百年上海成人教育领域的方方面面。它记述了上海开埠后直至2000年，一个半多世纪成人教育事业由传统到现代转型的历史嬗变轨迹，向后人比较清晰地展示了上海成人教育发展的整体脉络和发展趋向，为当今成人教育事业的改革和发展提供了可供借鉴的比较详实的文献资料[1]1-12。毫无疑问，《上海成人教育志》的出版一定会起到"存史、资政、教化"的重要作用。

近日拜读过这部教育专志之后，从中受益匪浅，收获良多。笔者尤其感兴趣和格外关注的是书中第9章"远程教育"第1节"函授教育"的撰述内容，这一节重点介绍了民国时期一大批有代表性的不同类别的函授学校的办学情况。

之所以特别重视第一节的撰述内容，首先，出于专业研究领域的需要。笔者最近几年以来，一直在从事中国早期远程教育史——函授教育史的探讨和研究，从未间断对相关文献资料的发掘、搜集、整理和撰写工作。

其次，由于上海函授教育的发展和变迁在中国早期远程教育史上占据极其重要的地位。众所周知，上海自开埠以来，以其独特的、优越的经济、地理条件和人文环境，催生了中国最早的近代成人教育，成为中国近代成人教育的重要源头之一。不仅如此，在中西文化交流的大历史背景下，在欧风美雨的熏陶下，上海率先将兴盛于欧美国家的一种新型的成人教育办学模式——函授教育引入中国的教育领域，拉开了中国函授教育的序幕。很快，这种开放式教育体制在上海一地得到了大力宣传和推广。无论是在民国前、中或后期，最负盛名的专门函授学校几乎都集中在上海一地，这在中国函授教育史、远程教育史、职业教育史、成人教育史、社会教育史上均产生了较为深远的影响[2]。

最后，近代以来，中国传统教育的变革所体现出来的最本质特征，就是实用性、民主性、科学性和开放性，这也正是我们所理解的教育近代化的基本内涵[3]。那么，在中国教育近代化的历程中，很显然，上海兴办的这种新型的开放式教育体制——函授教育，担当了重要推手的作用。上海函授教育诞生以后，数量众多的函授学校能够充分凭借和利用沿海"有限"的教育资源优势，以廉价的花费和较低的成本，突破时空的藩篱、彻底摆脱传统课堂教学模式的桎梏，不仅可以让本地众多的职业人士，而且还可以辐射和惠及广大中西部地区的中下层成人教育群体，随时随地、不受职业的束缚，接受继续教育，吸取新知，提高技能，更好地立足于社会、服务于社会，推动民国经济的社会发展，有力促进了民国社会由传统向现代的转型。本着这个层面而言，函授教育是中国传统成人教育向现代成人教育转变过程中的一个非常重要的环节和链条，它起到了承上启下的重要功能。上海兴办的函授教育在中国教育近代化、中国成人教育近代化的发展历程中，所起到的重要作用和所产生的重大影响力是不容置疑的。

由此可见，该书第9章第1节"函授教育"的撰写内容所具有的重要史料价值和学术价值是不言而喻的。按照专业课程设置情况，书中将函授学校的种类划分为6个类别，依次是语言类、财经类、实业类、新闻学类、图画美术类和其他类别的函授学校，并对每一类别中具有代表性、影响力的函授学校给予重点介绍[1]306-309。这种处理方式是相当科学和合理的，既能勾勒出上海函授学校的整体面貌，又能够突出重点，做到两者兼顾。种类划分合理、个案列举丰富、史料详略得当应该是第9章第1节的记述特色了。

但是，令人遗憾的是，书中对一些函授学校办学情况的介绍在诸多地方，却与《申报》的记载存在着相当程度的差异。在此，很有必要强调一下《申报》的史料价值。《申报》是上海出版的旧中国历史最长、影响最大的一份报纸。它前后历时78年，较为详细地记录了从清末到民国近80年间政治、军事、经济、文化、教育、外交等诸多社会领域的变迁和沿革，具有很高的史料价值，被称为"近现代史的百科全书"，堪称近代中国历史详细日志，罕有其匹的资料宝藏。特别需要指出的是，民国成立以后，独特的地理、经济和文化环境使上海孕育出了比较成熟和完善的文化教育市场，各级各类的私立、公立学校为了更好地向社会各界介绍和宣传自己的办学理念、办学特色，提高办学信誉，打造品牌效益，塑造文化形象，长时段地、持续地、动态地在《申报》上刊登了数量可观的招生广告、通告和布告。与此同时，《申报》亦高度关注上海本土教育事业的变革与发展，专门开辟《教育消息》专栏，及时跟踪报道上海一地各级各类学校的办学最新动态，这在某种程度上也可以看作是对上海日益成熟的文化教育市场的一种正面回应。《申报》刊登的上述两种教育类文献资料为后人了解上海教育事业的发展动态提供了非常宝贵的史料，这些史料所具有的客观性、真实性、原始性和准确性都是值得信赖的。

溯本正源、探寻历史真相、避免以讹传讹是每一位学者和研究者义不容辞的义务和责任。下面将依据《申报》的记载，按照第1节"函授教育"的叙述顺序，逐一指出其记述中所存在的错误和不当之处，以求教于学界的各位方家。若有任何不妥之处，敬请各位的批评和指正！

二、对一些语言函授学校办学情况的介绍与《申报》的记载不相符合

1.对商务印书馆附设函授学社的介绍与《申报》的记载存在较大的出入

（1）创办时间是1915年，而不是1914年

《上海成人教育志》认为，"民国三年（1914年），商务印书馆附设函授学社，选设英文科，后又增设国语、商业、算学等科"[1]307。但是翻阅1914年期间出版的《申报》，未见到任何相关的招生广告。在1915年期间，才可以开始看到其陆续发布的一系列招生广告，其中在7月4日刊登的招生广告具有相当高的史料价值，相关内容如下：

敝馆前承各界以组织函授学社相嘱，拟先设英文一科，业经登报宣布，现已组织就绪，分为五级。区区之意，在使曾习英文、已有职业者，得以续求进步，而僻居内地、就学无方者，亦不致向隅。有志者不论程度若何，均可随时报名，任人何级。[4]

从上述招生广告，可以获悉，该校在1915年7月份期间，鉴于各项教学管理工作已经准备就绪，开始向社会各界招收第一届函授学员。有志求学的广大社会民众可以随时报名，接受函授教育。

至1933年4月，经上海市教育局核准登记，并由市政府备案，商务印书馆函授学社改名为：私立商务印书馆函授学校[5]。由于该校的办学历史悠久、办学成就突出，《申报》特意对其办学情况给予专门的报道和介绍，"本市商务印书馆函授学校创设于民国四年，为国内历史最悠久、设备最完善之教育补习机关"[6]。

由上所述，根据《申报》的记载，完全可以得出以下结论：该学社创办于1915年，而不是1914年。

（2）办学时间长达30余年，而不是20余年

《上海成人教育志》这样写道，"商务印书馆所办函授学社是中国最早出现的函授学校之一，办学时间长达20余年，至民国二十六年（1937年）抗日战争全面爆发后才停办"[1]307。这与《申报》的记载存完全不相符合。

翻阅1937年10月至1945年2月期间出版的《申报》，仍然可以发现数量众多的相关招生广告，其中，1945年2月1日的招生广告这样写道，"商务印书馆函授学校征求学员：有问业之便，无跋涉之劳；既安全，又经济，不受时间地域之限制，随时可以报名入学"[7]。

综上所述，我们完全可以做出这样的断定：这所学社的办学时间长达30年，至少到1945年2月，仍然在坚持办学。

（3）该学社是一所综合类的函授学校，而不是语言函授学校

根据所开设的专业课程，《上海成人教育志》把民国时期上海一地的函授学校划分为六种不同类别的函授学校，分别是：语言类、财经类、实业类、新闻学类、图画美术类、其他类别的函授学校。书中认为商务印书馆函授学社"以英文函授为主"，由此把它划分为"语言函授学校"[1]307。而根据《申报》的记载，截止到1931年12月，该学社共开设5门专业：英文科、国语科、算学科、商业科和国文科[8]。到了1938年7月，该校设置的专

业已增加至7门，分别是：英文、国文、日文、图书馆学、算学、自然、史地科，并把上述7门专业划入到中学部[9]。随后，又在1938年9月，"添办大学部，开始招收学员"；大学部开办哲学、文学、史学、法律、政治、经济、商学、物理、化学、生物、算学、教育、工学、农学共计15个"学系"（即专业），多达60门"学程"（即课程）供学员选择[10]。

纵观其办学历史轨迹，它先后开设的专业共计多达20多个，只不过是英文专业开办历史时间最长、学员人数最多而已，因此，从整体上而言，不难断定，该学社应该是一所综合类的函授学校，而不是语言函授学校。

2.对中华职业函授学校办学情况的介绍与《申报》的记载不太一致

《上海成人教育志》这样介绍中华职业函授学校，"民国六年（1917年），由谭人凤、朱葆三发起，于哈同路（今铜仁路）403号民厚里设立的中华职业函授学校，……"[1]307。并把它归入到语言类的函授学校。上述的一些表述与《申报》的记载不太一致。刊登在《申报》上的招生广告这样写道：

> 本校鉴于国民生计之日蹙，爰聘西洋留学著名之士，仿各国函授学校制度组织斯校。现设工科、文科两部，额定正科两千名，预科不限。为普及职业教育起见，每半年只收讲义及邮费三元。正科一年毕业，预科半年。入正科者须有高等小学毕业相当程度；预科不限资格。无论男女已否入校，均可报名毕业。最优等者由本校派送日本留学。优等者可由本校介绍至各工厂，充当艺师。……。发起人谭人凤、朱葆三、何海鸣、朱佛丹、李劲、王祺、金铁丹、周锡嘏、林天声、王景颐、洪家驹、何民魂，同启。[11]

由此可见，无论是从其办学目的的层面去考察，还是从其开设的专业的角度去衡量，亦或从其学员毕业后从事的职业岗位来审视，该校都不属于语言类的函授学校，它应该是一家综合类的函授学校。而该校的发起人共计12人，但是《上海成人教育志》却只仅仅提到了2人，显然，这样的介绍不够精确。

3.执中速记函授学校创建于1922年9月，而不是1925年4月

《上海成人教育志》认为执中速记函授学校的创办时间是1925年4月[1]307，其实不然。早在3年前刊出的《申报》曾经这样报道该校的初创情形，"速记术在商业上占重要地位，日来各机关聘请速记员者甚多，惜精于是术者

尚少，致应者寥寥。现本埠速记学家顾执中氏，拟于公余之暇，开始一速记函授学校，以应社会与学者之需要。目下正从事筹备一切，大约下月可开始招生"[12]。6个月之后，1923年3月16日的《申报》这样谈到，"执中速记函授学校开办甫半年，其第一班学员不日毕业"[13]。

上述来自于《申报》的史料能够充分显示：该校的创办时间当然应该是1922年9月。

三、对一些财经类函授学校办学情况的介绍与《申报》的记载不相符合

1.对中国银行函授学校办学情况的记载与《申报》的记载存在较大的差异

《上海成人教育志》这样表述中国银行函授学校的办学情况，"民国4年（1915年），中国银行函授学校成立，但设科少，……，3个月即可结业，因入学者不多，民国6年（1917年）停办"[1]307。但是《申报》对此的记载却与之有着较大的差异。

首先来看1916年12月18日的一条招生广告，详情如下："宗旨：因各钱庄、各票号、银号均即须改组银行，深恐中国有人才缺乏之故，以期造就是项人才，而为他日得以从事银行或为其他商业为宗旨"；开设课程有下列，"科学银行论，银行薄记，银行时间"[14]。

其次，再看1919年6月13日刊登的招生广告，"本校于丙辰年间（1916年）成立，曾呈教部有案。办理完善，函授讲义皆用铅印，文简理达，一目了然"[15]。

然后，再来浏览一下1920年6月23日发布的招生广告，"本校呈教部有案，办理有年，成效卓著，肄业期定为三个月"[16]。

正是由于该校的办学成绩日益显著，这引起了《申报》对此的关注，1926年3月10日的《申报》特意对其办学情况给予专门介绍，"中国银行函授学校开办十年，成绩卓著。历年学生毕业于该校者，为数颇多"[17]。到了1933年9月，该校的名称已经改为"私立诚信银行函授学校"了[18]。1934年8月的招生广告这样写道，"本校创办最久，成绩卓著"[19]。

由上所述，完全可以做出以下结论：这所学校创建于1916年，开办十年以来，毕业学生众多，办学成绩颇为显著，这与《上海成人教育志》对此的撰述可以说是大相径庭。

2.对上海银行学会所设函授学校的办学情况的介绍与《申报》的记载存在一定的差异

《上海成人教育志》在书中这样提到，"民国25年（1936年）6月，上海银行学会所设函授学校，设科较全，有银行会计、簿记、会计原理、汇兑、信托公司原理、国际贸易等16门，成为较正规的一所财经类函授学校"[1]307。

而《申报》的记载却与上述的表述存在着差异。1936年7月5日《申报》报道了该校创建之际的相关消息，"本市银行学会，为银行界同人所组织，于民国二十一年二月间正式成立"。"该会为谋增进在职行员之学识及造就银行界实用人才起见，创办银行函授学校。一切规章，均经该会理事会通过，不久即行开始函授"[20]。

随即，7月10日的《申报》又详细介绍了其开设的专业课程，"银行学会创办银行函授学校，首先开设之学科，计共十六门。各科导师，均已聘就"；开设的专科课程名称如下，"经济学，簿记学及会计学，统计学，货币学，银行学，本国金融论，银行实务，银行会计，邮政学，信托实务，银行制度，农业金融，财政学，保险学，商业英文"[21]。

由上所述，可以做出以下的结论：《上海成人教育志》对该校的创建时间的记录不正确，对课程名称的表达也不够准确。

3.对中华会计函授学校办学情况的介绍与《申报》的记载存在一定的差异

中华会计函授学校在上海会计远程教育史上占据着非常重要的位置，它是上海成立最早的一所会计函授学校，因此，《上海成人教育志》给予了重点介绍，在文中特意强调了它的办学规模，"至民国22年（1933）函授学员共计有正式学员1529人，试读学员300余人"[1]307。但是《申报》对此的记录却与上述学员人总数不同。

1933年8月5日，该校在上海召开了第七届年会。第二天，《申报》就及时发布了这一消息，"由校长沈立人会计师报告最近一年中校务经过。略谓计自开校起迄昨日止，正式学员达一千九百二十三人，试读学员约三百余人，共计已超两千之数[22]。很显然，《上海成人教育志》对办学人数的记录有误。

4.中华公学开办的学校名称为"中华公学附设商业广告术函授学校"，而不是"广告函授学校"

《上海成人教育志》在文中写道，"民国16年（1927年）8月，天通庵路止园路中华公学设广告函授学校，……"[1]307。而《申报》对该校成立之际的记载却是这样表述的，"商业广告术函授学校成立——闸北天通庵路止园路中华公学附设商业广告术函授学校，为海上著名广告师及美术家组织而成"[23]。由此可见，《上海成人教育志》对这家学校的名称表达不够准确。

四、对实业类函授学校——美国函授学校办学情况的撰述与《申报》的记载不相符合

《上海成人教育志》在谈到实业类函授学校的时候，重点对"由中华书局作为中国总经理的美国函授学校（又名万国函授学堂）"的办学情况进行了较为详细的介绍[1]307。文中的介绍存在两处问题需要改正。

1.必须要指出的是，美国函授学校与万国函授学堂是两所不同的函授学校

1919年3月10日的《申报》比较详细地介绍了美国函授学校的办学经历，详情如下：

> 美国函授学校（The American School of Correspondence，CHICA-GO，U.S.A.），西历一八九七年创办于波士顿，旋于一九零二年迁于芝加哥。一九零七年在芝加哥大学对面，建筑校舍，规模宏大，日行发达，……。肄业者凡一百二十余万人，毕业生成学问大家，任各界要职者甚多。[24]

《上海成人教育志》对美国函授学校的办学经历的介绍也沿用了上述广告的说法，但是却认为：美国函授学校又名为万国函授学堂[1]307，其实不然。1918年9月17日的《申报》相当详细地介绍了万国函授学校的办学情况，其中，这样谈到该校（INTERNATIONAL CORRESPONDENCE SCHOOLS）的成立史："本学堂成立于一八九一年，其性质乃通信教授，……"。"一九一六年年终，学生几乎达二百万人，所学科目皆工业界之要项，学生散处世界各国，可见本学堂造福之广大"。而且还特意强调了其在中国的办学经历，"十年以前本学堂即设中国部于上海，……。一九一四年万国函授学堂执行总部见中国学生人数众多而未来者方兴未艾，遂于美国斯根登地方决议筹拨经费于上海，设立函授专部，由总部派遣专家来沪主持"[25]。

根据上述两条招生广告，可以清楚地发现这两所学校的英文名称、创建时间、办学经历及学员人数都完全不相同，很显然，它们是两所不同的

上篇 函授教育文献史料专题研究

函授学校。

2.《上海成人教育志》对美国函授学校的专业名称的表述与《申报》的记载存在一定程度的差异

《上海成人教育志》对该校开设的专业列举如下，"所设学科以工艺类为主，有土木、电机、水电、机械、汽车、建筑等，另设商业管理与会计、速记、打字、簿记、法政等"[1]307。

而《申报》这样介绍其开设的专业（学历教育）：

大学预科、工程预科、法政科、商法、商业管理法及会计、簿记及会计、速记打字簿记、土木工科、电气工程科、电械工科、水电工科、机械工科、汽械工科、绘图及预算、电字绘图法、打样术、建筑工科、建筑术、包工建筑术、电话工科、汽车工科。[24]

另外，美国函授学校又开设下列"选科"（非学历教育）：

（a）应用数学，（b）初等拉丁文，（c）高等拉丁文，（d）希腊史、罗马史、西洋上古史，（e）代数，（f）英文法及修词学，（g）英文选，（h）法文，（i）德文，（j）美国史。[24]

根据上述的阐述，可以清楚地发现《申报》对该校专业课程设置情况的介绍与《上海成人教育志》的记载存在比较明显的差异，后者的记述既不准确，也不够完整。

（未完，待续）

参考文献:

[1]《上海成人教育志》编纂委员会. 上海成人教育志[M]. 上海：上海社会科学院出版社，2007.

[2]丁伟. 近代民营出版机构的英语函授教育（1915—1946年）[M]. 北京：商务印书馆，2017.

[3]田正平. 总前言[M]//田正平. 留学生与中国教育近代化. 广州：广东教育出版社，1996：11.

[4]完全华商商务印书馆附设函授学社英文科紧要广告[N]. 申报，1915-07-04（1）.

[5]教育消息——市教局四月份核准登记学校[N]. 申报，1933-05-26（13）.

[6]教育新闻——各校消息：商务函授学校[N].申报，1935-07-07（16）.

[7]商务印书馆函授学校征求学员[N].申报，1945-02-01（3）.

[8]商务印书馆函授学社国文科——第四届评奖收卷展期至廿一年一月底截止[N].申报，1931-12-26（3）.

[9]补助战时教育、指导失学青年——私立商务印书馆函授学校中学部增设科目、招收学员[N].申报（香港版），1938-7-30（1）.

[10]私立商务印书馆函授学校添办大学部、开始招收学员[N].申报（香港版），1938-09-09（1）.

[11]中华职业函授学校招生——毕业后并可由本校保送留学、介绍职业[N].申报，1917-01-26（4）.

[12]本埠新闻二——执中速记函授学校消息[N].申报，1922-9-28（15）.

[13]本埠新闻三——各校新开学之状况[N].申报，1923-03-16（18）.

[14]中国银行函授学校招生[N].申报，1916-12-18（4）.

[15]中国银行函授学校招生[N].申报，1919-06-13（7）.

[16]中国银行函授学校招生[N].申报，1920-06-23（12）.

[17]团体消息——中国银行函授学校开课[N].申报——本埠增刊，1926-03-10（1）.

[18]银行函授男女招生[N].申报，1933-09-18（6）.

[19]诚信银行函授学校常年招生[N].申报，1934-08-29（5）.

[20]本市新闻——银行学会创办银行函授学校[N].申报，1936-07-05（15）.

[21]教育新闻——各校消息：银行学会函授校[N].申报，1936-07-10（15）.

[22]教育消息——中华会计函授学校昨开第七届年会[N].申报，1933-08-06（16）.

[23]教育消息——商业广告术函授学校成立[N].申报，1927-08-20（7）.

[24]美国政府认可美国函授学校——中国总经理上海棋盘街中华书局暨各省分局[N].申报，1919-03-10（15）.

[25]WILL YOUR DREAMS COME TRUE?诸君绩千年之梦想已应验否?[N].申报，1918-09-17（13）.

（原文载《当代继续教育》，AMI核心期刊，2014年第3期）

有关《上海成人教育志》第9章"远程教育"第1节"函授教育"的若干补正
——以《申报》的记载为考察中心（下）

摘要： 上海社会科学院出版的《上海成人教育志》之第9章"远程教育"第1节"函授教育"的撰述具有非常重要史料价值和学术价值，但是经过考证和核对，可以发现其对一些函授学校办学情况的介绍与《申报》的记载不相符合，出现了较多的错误和不当之处。在此前提下，文章认真分析了产生上述问题的具体原因，并提出了一些有针对性的建议，以期将来可以更好地提高这部教育专志的撰写水平。

关键词：《上海成人教育志》；函授学下；补正；《申报》

此篇论文的第一部分已经分别指出了《上海成人教育志》对一些语言类、财经类、实业类函授学校的记述与《申报》的记载在若干层面上存在的不一致的地方，并一一给予了补正。下面，我们将继续对一些新闻类、其他类别的函授学校所存在的上述问题，进行较为详细的探讨。

五、对一些新闻类函授学校办学情况的表述与《申报》的记载不相符合

（一）对上海新闻函授科的介绍与《申报》的记载有一定程度的出入

在介绍新闻函授学校办学情况的时候，《上海成人教育志》首先提及的是"上海新闻函授科"，文中这样写道，"民国13年（1924年），私立上海新闻函授科成立于南市蓬莱路，学习年限仅半年，为短期进修性质的教育。课程有实验采访学、实验编辑学、新闻学概论等"[1]308。

当笔者初次看到"上海新闻函授科"这样的表达方式的时候，实在是让人困惑和费解。因为依据笔者数年来研究函授教育史的经验积累，民国时期函授学校的名称通常都是：某某单位函授学社、函授部、函授科，或者是某某函授学校。从未见过有上述之类的学校名称。通过仔细翻阅

1924—1927年出版的《申报》，我们找到了一系列与"上海新闻函授科"办学情况比较接近的新闻报道，其中有4条新闻报道对我们验证《上海成人教育志》对此记载的正确与否有着非常重要的史料价值，在此很有必要将其相关细节给予公布，具体内容如下：

1925年7月2日的专题报道是：

上海新闻大学函授科近况：法租界茄勒路新闻大学附设之函授科，为中国函授新闻学之创始者，开办已有半载。[2]

1925年9月6日的相关报道为：

上海法租界茄勒路新闻大学附设之函授科，开学半载余，成绩卓著，……。[3]

1925年11月22日的有关报道如下：

上海新闻大学自设函授科以来，业将一载，成绩卓著。现因校务日渐发达，原有校舍不敷办公，已于昨日迁至小西门蓬莱路普育里十九号，大加扩充，增设面授特科。[4]

1927年8月20日的相关报道如下：

上海吕班路新闻大学函授科创办三载，学员遍布海内外。所出讲义有[实验采访学]、[实验编辑学]、[实验标题学]、[世界新闻史]、[新闻学概论]等多种。[5]

综合考察上述的4条《申报》新闻报道，可以得出以下结论："上海新闻函授科"的名称应该是"上海新闻大学函授科"，这所函授办学机构在最早成立于法租界茄勒路，而不是《上海成人教育志》中所记载的"南市蓬莱路。"直到1925年11月，随着函授科办学规模的扩大，才搬迁到蓬莱路。函授科开办的课程主要有实验采访学、实验编辑学、实验标题学、世界新闻史、新闻学概论等，而《上海成人教育志》只列出其中的3门主干课程，其记述不够完整。

（二）对《申报》新闻函授学校创办时间的介绍有误

《申报》新闻函授学校，无论是在上海成人新闻教育史上，还是在中国成人新闻教育史上都占据着非常重要的位置，都具有非常重要的历史意义。《上海成人教育志》自然亦对它给予了较高程度的关注，相当详细地介绍了其办学情况，文中认为《申报》新闻函授学校的成立时间是在"民国21年（1932年）1月"[1]308，其实不然。从1933年1月—1936年1月，《申报》充分利用自己的媒介资源优势，连续动态地对其开办的函授学校办学情况进行了跟踪式的报道和介绍，这位后人研究其办学特色提供了宝贵的文献资料。

根据1933年1月15日《申报》刊登的《申报新闻函授学校缘起》[6]和《申报新闻函授学校章程》[7]，可以断定，该校的创办时间应该是在1933年1月。到了1934年1月，也就是该校成立一周年之际，特意在《申报》发布专文《申报新闻函授学校概况》，回顾了其办学经历，总结了其办学经验，在文中这样写道：

> ……，以努力于社会服务，为文化而尽力外，更于二十二年一月开始创办本校，以养成国内新闻人才。此为本校创办之始。[8]

由此，我们完全可以做出这样的判断：《申报》新闻函授学校的创办时间是1933年1月，而不是1932年1月。对于如此重大的教育事件，《上海成人教育志》编纂委员会竟然出现了这样的失误，让人深感遗憾。

（三）对上海文化函授学院的介绍与《申报》的记载有一定程度的差异

上海文化函授学院在上海成人新闻教育史上亦占有一席之地，《上海成人教育志》对其办学情况做出了以下的概述，"民国35年（1946年）9月1日，私立上海文化函授学院成立于福州路89号342室。办新闻学讲习，由顾执中、孟秋江、赵景深等授课"[1]308。可是，《申报》对该校的记载与上述的概述有着较为明显的差异，为了更好地阐述这一问题，请浏览《申报》发布的以下3条相关新闻报道。

其一，1946年3月29日的《申报》发布的新闻报道如下：

> 上海文化服务社，除出版[上海文化]月刊外，近复创办上海文化函授学院，由社会教育专家王揆生氏担任院长。该院暂设新闻学及工商档案管理学两系，旨在辅助失学失业青年，授以必要之知识，或应用之技能，以为升学或就业之准备。……。院址上海江西路金城大楼三〇五室云。[9]

其二，1946年8月16日的新闻报道是：

> 该院自本年三月间招生以来，闻报名入学者，异常踊跃。[10]

其三，1946年9月13日的新闻报道为：

> 上海文化函授学院，福州路八十九号三四二A室，举办新闻学讲习班，由该院新闻学系主任王师菜担任讲师，并特约顾执中、储玉坤、朱培璜、孟秋江、赵景深、胡山源、胡祖荫、江顾煜、

范资深等，担任专题演讲。[11]

显而易见，由上述3条新闻报道，可以发现《上海成人教育志》对上海文化函授学院办学情况的撰述存在4点问题：其一，创办时间有误，是1946年3月，而不是1946年9月。其二，创办地点有误，是上海江西路金城大楼三〇五室，而不是福州路89号342室。其三，1946年3月上海文化函授学院首先开办的是新闻学系，到了1946年9月在福州路89号342室又开办了新闻学讲习班，而使用"办新闻学讲习"这样的语句表述显然不够准确。其四，担任新闻学讲习班的主讲老师是新闻学系主任王师莱，而顾执中、孟秋江、赵景深等学者属于校外聘请教师，其职责是专题演讲工作。很显然，《上海成人教育志》使用"由顾执中、孟秋江、赵景深等授课"的言语表达方式，会很容易让人产生他们是主讲教师的误解。

六、对其他类别函授学校办学情况的表述与《申报》的记载不相符合

（一）对上海邮务、海关函授学校的介绍与《申报》的记载不相一致

《上海成人教育志》在介绍其他类别的函授学校的时候，首先提到了上海、邮务海关函授学校，书中写道，"民国14年（1925年）2月，上海邮务、海关函授学校成立，校址在宝源路9号。校长奚良才[1]308。以邮务、海关业务知识为教育内容"。但是刊登《申报》上的相关文献资料对这所函授学校的记载与上述的介绍有着较为明显的差异，详情如下：

1922年10月3日的招生广告这样写道：

邮务海关函授学校招生：……。海关科主任西人哈司曲硕士，邮务科主任黄振华学士。我国邮政年底接收，邮务范围势必大加扩充，需用人员定必更多，至海关人才更形缺乏。本校应时势造需求，发展中国邮务海关起见，设立邮务海关两科，养成是项人才。……。校址，上海北四川路克明路存德里二号。[12]

1923年8月27日发布的一个通告再次涉及有关学校地址的情况，具体信息是："……，扩充校舍，由宝兴路敦礼里迁移闸北宝源路九号"[13]。

1925年2月4日的新闻报道内容如下：

邮务海关英文专门学校，系上海邮务海关函授学校分设。校长奚君良才鉴于一班学子投考邮务海关者，每乏相当应考学术用，

特除函授部外，另设面授部。校址原定新申学院，后以报名人数超出预定学额，新申学院教室不敷分配，现择定宝山路商务印书馆隔壁、宝兴西里洋房四宅辟为校舍。[14]

上述《申报》对该校的系列记载比较清楚地传达了下列重要信息：其一，1922年10月，邮务海关函授学校成立，当时地址是在上海北四川路克明路、存德里二号，后来才迁移到北宝源路九号。其二，该校在其成立之际，并没有设置校长的职务，学校教学管理工作由海关科主任西人哈司曲、邮务科主任黄振华共同主持，后来由奚良才担任校长。其三，奚良才担任校长以后，为了帮助函授学员顺利通过邮务海关的招聘考试，于1925年2月又创办了邮务海关英文专门学校——邮务海关函授学校分校，校址在商务印书馆隔壁、宝兴西里洋房四宅。很显然，《上海成人教育志》的有关编写人员在没有详加考证的前提下，把邮务海关函授学校与邮务海关英文专门学校相关资料混淆在了一起，从而造成了《上海成人教育志》对邮务海关函授学校的记载出现了上述的几点错误。

（二）对大东法律函授学校的介绍与《申报》的记载不相一致

《上海成人教育志》对大东法律函授学校的介绍如下，"民国22年（1933年），大东法律函授学校成立，校址在福州路大东书局"[1]308。而根据《申报》的记载，早在1931年大东法律函授学校就已经成立了，请看下列有关该校校的新闻报道和招生广告。

1931年3月9日的相关新闻报道内容如下：

大东书局创办法律函授学社：……，为普遍灌输法律知识、速成法学人才，以应亟需起见，特创设法律函授学社。……。现正着手筹备一切，定五月一日开始招生。[15]

我们又在1931年5月10日[16]、5月24日[17]的《申报》上找到了2条大东书局法律函授学社招收第一届学员的招生广告。毋庸置疑，《申报》对该校的记载，非常明确地向我们传达了这样的信息：大东法律函授学社的创办时间是在1931年3月，5月份就已经开始招收函授学员，而不是《上海成人教育志》所记载的1933年。

（三）对世界文学函授学院的介绍与《申报》的记载不相一致

《上海成人教育志》在提起世界文学函授学院的办学情况时，这样写道，"世界文学函授学院，成立于民国23年（1934年）2月，由狂流文学会主办。……，设世界文学、中国文学、中文专修等科"[1]308。

但是《申报》对此的有关报道是：

　　筹备经过：上海狂流文学会及中华国学研究会最近因鉴于现阶段中国文艺界进展之顿滞，以及国内缺少完善之文学函授学院，……，特创办世界文学函授学院。……。该院组织：该院内分世界文学系、中国文学系、专修系。[19]

由此可见，世界文学函授学院是由上海狂流文学会、中华国学研究会共同创办的。该院组织由3个系构成，分别是：世界文学系、中国文学系和专修系。而《上海成人教育志》却将此表达为：世界文学、中国文学、中文专修等科，显然，这种说法不够准确，也缺乏严谨性。

（四）对开明函授学校的介绍与《申报》的记载不相一致

《上海成人教育志》认为，在1933年前后，开明书店开办了"以中等学校国文科为主"的开明函授学校[1]309。但是《申报》对该校的记载却与上面的介绍存在着较大的出入。为了更好地了解该校的办学特点，请仔细浏览下列2条相关招生广告：

其中一条1932年4月14日的招生广告，相关细节如下：

　　本讲义社由开明书店创办，……。筹备迄今已逾一年之计，兹国难期内，失学者骤形增多，爰于本年五月开始发行讲义，并于七月以前特别减低社费，征求社员。兹将本社特点列举如下：（1）科目完备：用通信方法教授中学全部科目，与其他函授学校专售一种科目者不同。……[20]

另外一条是1933年7月1日的招生广告，相关细节如下：

　　上海市私立开明函授学校招收学员通告：本校原名开明中学讲义社，现遵上海市教育局令，改称今名，并蒙准于登记。[21]

根据上述招生广告的记载，可以做出以下断定，开明函授学校的前身是开明中学讲义社，早在1931年就已经在筹备之中了，于1932年5月开始发行讲义，招收学员。它的一个显著办学特点：使用通信方法教授中学全部科目，与其他函授学校专售一种科目者不同。至1933年7月，开明中学讲义社改名为：开明函授学校。显而易见，《上海成人教育志》对开明函授学校的创办时间、学校名称沿革、办学特色的记载均有误。

七、结语

《上海成人教育志》在书首《凡例》中的第8条指出了书中所参考和引

用的史料来源，"八、本志史料主要来源于上海市教育局档案室、上海市高教局档案室、上海市档案馆、上海第二教育学院图书馆以及各历史时期的报纸、刊物、专著、部分采用当事人口碑和回忆材料"[1]5。鉴于《申报》在中国近现代报刊出版史上所占据的极其重要的位置，它为研究近代上海社会变革、发展和变迁提供了非常宝贵的文献资料，对研究近代上海教育史更具有着其他类别的史料不可替代的独特史料价值，因此，《上海成人教育志》编写人员在编写函授教育（重点记述了民国时期的函授教育）一节的过程中，或多或少一定会关注和参阅《申报》所提供的文献资料，这一点是确定无疑的。

但是纵观《上海成人教育志》对民国函授学校的介绍与《申报》对此的记载存在诸多不一致的地方，这很好地说明了相关编写人员在搜集、整理、解读和利用《申报》刊登的相关文献资料的时候，出现了下列几个应该引起我们重视的问题：

其一，过分相信、依赖档案类史料或回忆录性质类的史料，而忽略或忽视了《申报》对此的记载。档案类史料和回忆录性质的史料所具备的重要史料价值和史料功能是毋庸置疑的。但是，在涉及一所具有较大影响力学校的办学时间、办学地点、办学人员及办学动态信息的时候，作为日刊的《申报》对此的报道和记载与档案类、回忆录性质的史料相比，就显示出了更强的及时性、有效性、客观性、精确性、原始性、动态性和持续性，它能在一个重要的教育事件发生之后，迅速做出反应、及时捕捉相关信息并给予记录。上述功能是由报纸自身应有的特点和《申报》办刊质量及办刊影响力共同所导致的。或者由于时空的不可逆性，或者由于某种主客观的原因，档案类、回忆录性质的史料往往会与已经发生的客观历史事实存在一定程度的偏差。比如说，文中对商务印书馆函授学社和《申报》新闻函授学校的办学时间的考证，就能很好地说明这一问题。就目前掌握的文献资料来看，刊登在《申报》（1915年—1946年期间）上的有关商务印书馆函授学社的招生广告、通告、新闻报道及文章的总数多达1000多个，而有关《申报》（1933年—1937年期间）新闻函授学校的招生广告、通告、新闻报道及文章的总数也有50多个。这些数量众多的文献资料多次提及这2所函授学校的办学时间，这不可能不引起相关编写人员的关注。《上海成人教育志》之所以对上述2所函授学校的办学时间做出错误的记载，理由只有一个，就是编写人员选择了档案类、回忆录性质的史料，而忽视了《申报》

对此的记载。如果《申报》对一所函授学校办学时间、办学地点、办学人员及办学动态的记载与档案类、回忆录性质的史料发生不一致的时候，通常情况下，选择前者、舍弃后者不失为一种明智的选择。

其二，如前所述，《上海成人教育志》对文中所提到的函授学校办学情况的撰述与《申报》的记载在若干细节层面上，亦存在很多相同之处；之所以在一些地方出现了较多的错误和不当的表达，主要是由下列两点原因所造成的，其中一点原因就是对刊登在《申报》的相关文献资料"只知其一不知其二，只见其一未见其二，只见树木不见森林"；在没有系统性、深入性的发掘史料的前提下，断章取义，妄下结论。另外一点原因是对来源于《申报》的有关史料没有反复再三地检查、核对和校正，从而产生了一些本来应该可以避免的错误。

综上所述，笔者恳切希望，在不久的将来，编纂委员会意欲再版或修订《上海成人教育志》的时候，有关编写人员在撰写函授教育这一小节的过程中，一定要高度重视《申报》所具有的史料价值；对一些重要函授学校，一定要以《申报》的记载为中心，系统性、深入性、整体性地发掘一系列文献资料，认真整理，详加考证，反复核对，以确保所引资料的可靠性和精确性。在此，特别需要指出的是，在首次提起一所函授学校的名称、其内部组织机构的名称、所开办的专业名称、所设置的课程名称的时候，一定要保持其原貌，尽量不要变动，因为这些专用名词往往蕴含着独特的历史语境和文化背景，为我们了解某一个历史阶段的教育文化发展水平提供了第一手的资料，这样可以更好地发挥教育专志的"存史"功能。

除此之外，再提出几条建议，仅供参考。首先，对一些有代表性、有影响力函授学校的做重点介绍时，应该添加中华书局函授学校、开明函授学校和大东书局函授学校。根据民国文献资料的记载，上述3所函授学校和商务印书馆函授学社均"有着显著的成绩和光荣的历史"[20]。其次，编纂委员会在修订或再版的时候，一定密切关注学界在这一领域的最新研究动态，及时吸取相关研究资料和研究成果，使《上海成人教育志》所提供的文献资料更加全面、更加丰富、更加系统。最后，第1节函授教育的撰写内容与其他章节相比较而言，篇幅略显单薄，比如，在民国不同的发展阶段，对上海一地的函授学校的整体数量没有进行交代，而《申报》对此有过专门的记录；还有，根据《申报》的记载，函授教育作为一种迥别与传统教学模式的新型教育体制在其初步发展时期，上海市教育局对此采取的管理政策是，漠然视之、任期发展、自生自灭；后来，随着近代上海函授教育事业的蓬勃发展，教育局先后颁布系列法规、政策，逐步加大了对其宏观监管的力度，有力地促进了函授教育事业的可持续发展，这些材料的补充将会非常有助于后人从教育管理的层面上了解近代上海函授教育事业的发展历程。受制于篇幅的所限，恕在此不再指出其具体的史料来源。

不久的将来，如果《上海成人教育志》编纂委员会在修订或再版这部教育专志的过程中，能够关注到此篇文章，并能够参阅其中的文献资料，这也是笔者撰写此篇论文的最大心愿和最大现实价值了。

参考文献：

[1]《上海成人教育志》编纂委员会. 上海成人教育志[M]. 上海：上海社会科学院出版社，2007.

[2]教育消息——上海新闻大学函授科近况[N]. 申报，1925-07-02（9）.

[3]教育消息——新闻大学函授科[N]. 申报，1925-09-06（9）.

[4]教育消息——上海新闻大学之扩充[N]. 申报，1925-11-22（7）.

[5]教育消息——上海新闻大学函授科近闻[N]. 申报，1927-08-20（7）.

[6]申报新闻函授学校的缘起[N]. 申报，1933-01-15（14）.

[7]申报新闻函授学校章程[N]. 申报，1933-01-15（14）.

[8]申报新闻函授学校概况[N]. 申报，1934-01-01（10）.

[9]教育与体育——沪文化函授学院各县均设免费额[N]. 申报，1946-03-29（4）.

[10]文化函授学院优待清寒青年[N]. 申报，1946-08-16（6）.

[11]简讯[N]. 申报，1946-09-13（6）.

[12]邮务海关函授学校招生[N]. 申报，1922-10-03（18）.

[13]邮务海关函授学校通告学员投考邮局[N]. 申报，1923-08-27（15）.

[14]教育消息——邮务海关英专行将开学[N]. 申报，1925-02-04（12）.

[15]教育消息——大东书局创办法律函授学社[N]. 申报，1931-03-09（12）.

[16]上海大东书局创设法律函授学校招生[N]. 申报，1931-05-10（3）.

[17]大东书局法律函授学社招生[N]. 申报，1931-05-24（4）.

[18]教育消息——狂流文学会等主办世界文学函授学院[N]. 申

报，1934–02–19（15）.

[19]开明中学讲义开始发计广告[N]. 申报，1932–04–14（4）.

[20]上海市私立开明函授学校招收学员通告[N]. 申报，1933–07–01（6）.

[21]丁伟. 民国时期中华书局附设函授学校办学经历概述、特点总结与其启示[J]. 兰州学刊，2012（7）：62.

（原文载《当代继续教育》，AMI核心期刊，2014年第4期）

下篇

函授教学专题研究

商务印书馆函授学社
国语科办学特点及其启示（上）

摘要： 商务印书馆函授学社国语科灵活创建了一种介于"本科"与"选科"之间的中短期培训班形式的非学历函授教育体制，主要针对小学教员进行培训。这种新型的开放式教育体制符合民国社会发展的实际需要，取得了显著的教学效果。国语科的教学体制、师资构成、教材特点、课程设置、面授教学环节及使用电子媒介辅助函授教育的做法，对当今中小学老师继续教育都具有宝贵的启发和借鉴意义。国语科在中国近代师资培训、教师教育、远程教育发展史及国语运动史上都具有重大的历史意义。

关键词： 商务印书馆函授学社；国语科；非学历函授教育体制；师资培训

一、引言

从世界范围来看，正式的函授教育在1858年发端于英国的伦敦大学[1]。我国正式的函授教育肇始于商务印书馆在1915年创办的商务印书馆附设函授学社，"商务印书馆默察我国社会情形，觉函授学校之设，足以辅学校之不及，而为失学者开一方便之门，因于民国四年创设本社，是为我国有函授学校之始。开办之初，仅设英文一科，承各界之信任，学员来学者甚多"[2]。商务印书馆函授学社办学时间长达三十余年，直到1946年9月因缺乏教学管理人员而停办[3]；《教育杂志》称商务印书馆函授学社"为国内历史最久，设备最善，成绩最著之补习教育机关"[4]，堪称中国早期远程教育发展史上的一个丰碑，其在中国近代远程教育史上的重要地位是不言而喻的。无疑，商务印书馆函授学社极具个案研究价值。

清末民初时期，国外的函授教育和国外相关教育机构在华开办的函授学校全部都属于高等专科以上的学历教育。无论是其教学体制，还是专业、课程设置体系都远远超出了民国初、中期整个社会的发展水平，不太符合一般广大民众的求学需求。正是在这种特殊的历史背景下，1915年

3月，商务印书馆从欧美引进当时先进的开放式教育体制，创办了国人自办的第一家专门函授学校——商务印书馆函授学社，首先开办英文一科，但其并没有完全照搬西方的函授教育模式，而是灵活地创建了一套由"本科"制（中等学历教育）与"选科"制（非学历教育）构成的具有中国特色的双轨函授教育体制。本科分为四级，每级读完可以获得修业证书，读完四级后可以获得毕业文凭，最快可以2年、最慢可以8年毕业;选科分为九门课程，为有志者专修一门或二门而设，1年之内的任何时间都有机会毕业，学员可以获得单科结业证书。英文科对招生对象的入学资格几乎没有任何限制，这种符合民国现实国情的新型开放式教育体制，在其办学初期，很快便取得了显著的办学效果，备受民众的欢迎，得到了民国文化教育界的充分认可和赞许[5-6]。

正是得益于英文科的成功办学，在其带动下，商务印书馆函授学社紧随民国文化教育界的发展潮流，在1921年又增设国语科。但其国语科又灵活创建了一种介于本科和选科之间的中短期培训班形式的函授教育体制，主要针对小学教员及中等学校学生进行国语培训;在较短的时期内，国语科也取得了颇有成效的办学效果。国语科首次采用这种新型的非学历函授教育体制对小学教员进行系统的国语培训，这在中国近代中小学教师培训、近代教师教育、近代远程教育发展史中都具有重大的历史意义。根据目前所掌握的文献资料，未见有任何期刊论文、硕博论文和学术著作对其进行专题探讨。鉴于上述原因，倘若对其做专题研究，不仅具有一定的学理价值，亦不乏较强的现实意义。本文主要利用民国报刊资料，对其进行一个初步的探究，以请教于各位方家。

二、办学经历概述

（一）国语科的筹备阶段

商务印书馆附设函授学社国语科于1921年5月成功组建，在5月3日的《申报》上面首次发布招生广告，阐述了其开办国语科的历史背景，介绍了其师资状况、课程设置情况、报名时间及注意事项。

创办国语科的历史背景如下："国语教育的趋势一天紧迫一天，有志研究国语的人用何种方法，得到国语上的智识技能，这是急应解决的大问题。本学社适应这新潮流，特设国语科，以便内地不容易得到国语教育的人，及因职业上的关系不能分身到国语讲习所就学的人，只要每天腾出半个小时或一小时工夫，把讲义细心阅读，也可得到国语上的应用智能"；所聘请的教员都是国语界的著名专家、学者，他们是"黎锦熙，汪怡，朱楚善，刘儒，周越然，方毅，庄俞，方宾观，范详善诸位先生"；开设的课程为"国语发音学，国语文法，国音练习法，会话，音韵沿革，国语教授法等"；"报名从阳历五月一日起，先付证金一元（将来在学费内扣算），满了百人以上，当即通知各学员，定期开班。要看简章，函索即寄"[7]。

紧接着，又于1921年6月在《教育杂志》上面公布了其制定的《上海商务印书馆附设函授学社国语科简章》，这份简章对于后人了解国语科的办学情况具有宝贵的史料价值，很有必要在此给予全部公布，其详情如下：

1、宗旨：推广国语教育，辅助有志国语者之研究。2、组织：本科由商务印书馆聘请国语专家及本馆职员组织而成。3、课程：国语发音学、国语文法、国音练习法、会话、中国音韵沿革史、国语教授法。4、资格：凡小学教员、中等学校学生及有志研究国语者均可入社。5、入学：学员报名缴费后即发给入学证书及第一期讲义附学员修业方法。6、学费：每学员十二元，两期缴费（每期六元）；一期缴费者收十元。7、学额：本社学员并不限额，随时可以报名入社。8、毕业：六个月修业期满积分及格者给予证书。9、质问：学员对于讲义如有疑难处，随时通函，质问本社，当即答复。10、正音：每年在年度暑假内，经学员十人以上之要求得开正音班一次。外埠学员众多之处，亦酌量情形，于暑假期内特请讲师前往各地传习，但以交通利便之省垣、商埠为限。11、奖励：学员毕业时，择成绩最优者分别奖励。12、报名处：上海棋盘街商务印书馆发行所函授学社。报名处或送交宝山路商务印书馆编译所及各省各埠商务印书分馆亦可。13、通信：凡与本社通信有询问事件，请直寄上海宝山路商务印书馆编译所内本社国语科；如系报名缴费及购买课卷用纸，请寄上海棋盘街商务印书馆发行所函授学社报名处。每次函内均请写明姓名、住址，如在国外，兼写英文住址，不详或遗漏者，本社恕不答复。[8]

简章有四点值得特别关注：其一，国语科已经构建了一套相当健全的教学管理制度；其二，其课程设置对一线小学教员具有很强的指向性；其三，其师资力量非常雄厚，其专职教师是当时研究国语的著名专家和学者，他们大都拥有数年从事国语教学的经历，具有丰富的教学经验，熟悉教育教学规律；其四，国语科采用的是一种新型的不同于本科和选科制的中短期培训班形式的非学历函授教育体制。显然，完善的教学管理体制、雄厚的师资力量、合理的课程设置和新型的函授教育体制都为其成功开展国语培训工作提供了必要的前提条件，奠定了坚实的基础。

还有一点需要特别指出的是，函授学社在1921年5月组建国语科，其招生对象主要面对小学教员及中等学校学生，除了上述民国整个大历史背景之外，还有一个最直接的原因：1920年1月24日教育部颁布了修正后的《国民学校令》和《修正国民学校令实施细则》，规定将"国文"改为"国语"，国民学校第一、二、三、四年级均学语体文；同时，《修正国民学校令实施细则》明确规定："国语要旨，在使儿童学习普通文字，养成发表思想之能力，兼以启发其德智，首宜教授注音字母，正其发音；次授以简单语词、语句的语法、作法，渐授以篇章的构成，并采用表演、谈话、辩论诸法，使练习语言"；"读本宜取普通语体文，避用土语，并注重语法之程序"[9]。由此可见，教育部对小学教师的国语素质、国语口头及书面表达能力都提出了相当高的具体要求。应这种要求，商务印书馆函授学社增设了国语科。

根据《申报》的记载，商务印书馆函授学社是当时国内一家唯一开办国语科的函授学社[10]。

（二）国语科的发展阶段

虽然"早在五月份就登出了招生广告，但因筹备工作繁多，直到1922年2月20日才将第一批报名入社的学员"开办函授"；为了推广和普及国语函授教育，商务印书馆函授学社特意制定并发布了一个报名优惠政策，"凡在本年阳历五月以前报名入社者，得照简章所定学费减收两元，其前已报名诸君，亦照此办理，俟将学费交到，当即将入社证书、第一期讲义寄奉"[11]。

由于国语科的开办迎合了民国文化教育事业发展的需要，课程设置非常切合小学国语教员的迫切需求，所以自从1922年2月"开班以来，入社学员极为踊跃"，"原定减费时期，应于五月底截止"，但考虑到"惟各地近日纷纷来函，要求将减费期展缓"，经过"兹徇各方之请"，"并为优待小学教员及中等学校学生起见"，最终决定延缓报名优惠期限，"自六月起至年底止，凡由学校介绍入社者仍照简章原定学费少收二元"[12]。国语科特意制定了针对小学教员及中等学校学生的报名优惠政策，显然是意识到了这两类特殊的文化教育界群体在传播和推广国语知识、促进国语运动事业中所起到独特的教育功能和重要影响力。

1922年5月，为了调动学员其学习的积极性，国语科正式开始实施奖励制度，在《申报》上发布了相关信息，具体内容如下：

> 本社国语科为鼓励学员起见，于简章第十九条规定，每年于毕业学员中择成绩最佳者三名，给以现银奖励，第一名三十元，第二名二十元，第三名十元。其第一次奖案，现已定期举行。凡国语科毕业学员诸君，如有志参与本届奖金，须照章将本社批回之课卷，全数检齐，寄至本社，以便评阅。下开两端，务请注意为荷，（一）收卷期至八月三十一号截止，逾期寄到之卷，归入下届评阅。（二）揭晓期：本年十月一二三日在上海申新等日报内发表。[13]

从1922年的暑假开始，函授学社定期开办主要针对国语科学员的国语正音讲习会[14]。为了方便学员参加正音训练，在暑假期间，国语科也会定期组织专家、学者远赴外地，在学员居住地较为集中的城市举办国语正音讲习会[15]。从1923年的暑假开始，商务印书馆附设暑期学校又创办主要针对国语科学员的国语正音科[16]。在国语正音讲习会和国语正音科培训后，经过考核，成绩合格者授予证书。

1922年下半年，民国教育部颁布了一个重要的有关聘任小学教员的新制度，规定"以教育部已通令各省区，自十三年七月起，小学教员须一律谙习国语；检定小学教员时，须加试国音字母、国语文法及国语文"，在此历史背景下，各地小学教员纷纷致函商务印书馆函授学社，要求按照以前的优惠政策，继续减收学费；"又自交通部通告各邮局人员须习国语后，各邮局人员来函请订优待办法者甚多"，鉴于上述原因，国语科特意做出以下决定，"本社默查社会情形，知各方面需求国语智识系甚急。兹为谋普及起见，凡有志入本社者，仍照旧章少取二元"。引人注意的是，为了更好地帮助学员自学国语，"再本社现特制成《国语留声机片》一幅，凡函授学员不能得有直接正音之机会者，可藉此片为正音之助"[17]。

到了1926年2月，函授学社国语科公布了一份新修订的简章，这份修订的简章与1921年6月发布的简章相比较，内容变化不大，主要是对"正音"制度进行了修改，规定所有学员必须通过面授矫正发音，以确保国语发音的准确性。学员除了可以参加每年寒暑假定期举办的国语正音讲习会之外，"亦可随时到本社正音"[18]。

在1927年1月至7月期间，根据国语运动最新发展趋向和学员的实际要求，国语科又先后增加了国语文选、方音校正、国语词类连书法等新课程[19-20]，这些新增设的课程对于小学国语科的课堂教学都具有很强的针对性和实用性，深受广大小学国语教员的欢迎。

（三）国语科的兴盛及终结

商务印书馆创办的这种新型的开放式国语教育体制，在较短的时期内便在国内产生了较大的影响力，取得了颇为出色的办学效果。截至1927年年底，国语科有在读学员491人，已毕业者114人[21]；"本社国语科开办七年以来，学员已遍国内各省和南洋各地。他们都能于最短期间，习得国语上的一切智能，同时并不妨碍原有的职务"[22]。从1928年至1932年一·二八事变期间，学员人数增加幅度更加明显。截至1931年12月，已毕业学员和在读学员将近2000人，他们中的大部分是来自我国各个地区的小学国语教员[23]。

令人痛心的是，侵华日寇悍然发动的一·二八事变使商务印书馆遭遇国难，几乎所有的建筑被夷为平地，其创办的函授学社亦不例外，"本社自遭一·二八之变，讲义尽付劫灰，社务停顿，历半年之久"[24]，但在"为国难而牺牲，为文化而奋斗"的复业标语激励下，经过半年的艰苦奋斗，商务印书馆于8月1日毅然复业[25]，其附设的一个重要社会教育机构——函授学社亦随之宣布正式复校，决定首先恢复英文、国文两科，其他专业暂时停办，并做出如下处理方案："凡二十年一月廿八日以后缴费加入本社商业科、国语科或算学科之学员，修业期限，尚未届满者，请于本月十日起，至九月底止，凭学费收据，向原收学费之上海河南路商务印书馆发行所，或各省馆内函授学社报名处领回未满期部分之学费"[26]。但是，由于"一·二八"事变后国语科遭遇到了毁灭性的打击，自此以后，再也没有招生，商务印书馆函授学社从事的国语函授教育事业就此中断。

参考文献：

[1]赖春明. 函授教育与管理[M]. 北京：解放军出版社，1989：8.

[2]C.P.C.S. News商务印书馆函授学社新闻——商务印书馆函授学社小史

[J]. 英语周刊，1928（636）：760.

[3]唐锦泉. 商务印书馆附设的函授学校[G]//商务印书馆. 商务印书馆九十五年. 北京：商务印书馆，1992：660.

[4]上海市教育局登记私立商务印书馆函授学校国文科、英文科招收新学员[J]. 教育杂志，1934，24（3）.

[5]丁伟. 民国时期（1915年—1930年）商务印书馆附设函授学社的英文科：上[J]. 广西社会科学，2008（9）：111—118.

[6]丁伟. 民国时期（1915年—1930年）商务印书馆附设函授学社的英文科：下[J]. 广西社会科学，2008（10）：122—127.

[7]君愿研究国语吗?君愿抽间研究国语吗?如愿抽间研究国语，请快入上海商务印书馆函授学社国语科[J]. 申报，1921-05-03（2）.

[8]上海商务印书馆附设函授学社国语科简章[J]. 教育杂志，1921，13（6）：书末黑白插页.

[9]朱有瓛. 中国近代学制史料：第3辑（上册）[G]. 上海：华东师范大学出版社，1990：158.

[10]上海宝山路商务印书馆函授学社国语科是目下惟一的国语函授社！不受地方、时间和职业的牵制，便可得着国语上的智识技能[N]. 申报，1921-07-18（3）.

[11]上海宝山路商务印书馆函授学社添设二科：国语科、算学科[N]. 申报，1922-02-04（3）.

[12]研究国语的好机会——上海商务印书馆附设函授学社国语科优待办法[N]. 申报，1922-06-06（3）.

[13]商务印书馆函授学社国语科学员公鉴[N]. 申报，1925-05-10（1）.

[14]商务印书馆函授学社国语正音（第一届）、英语正音（第四届）讲习会[N]. 申报，192-06-08（3）.

[15]C.P.C.S. News商务印书馆函授学社新闻[J]. 英语周刊，1922（354）：753.

[16]上海商务印书馆附设暑期学校国语正音科、师范讲习科、英语正音科招收学员、即日报名[N]. 申报，1923-05-29（3）.

[17]上海商务印书馆函授学社国语科减费展期缘由[N]. 申报，1923-01-04（2）.

[18]商务印书馆函授学社国语科简章[J]. 全国国语运动大会会刊，1926

中国近现代函授教育史专题研究

（2）：41.

[19]研究国语之好机会——商务印书馆函授学社国语科国语运动纪念期中减收学费[N]. 申报，1927-01-06（2）.

[20]商务印书馆函授学社实为东方最完备的最便利的补习机关——灌输各科最新的智识、造成现代实用的技能[N]. 申报，1927-06-16（2）.

[21]C.P.C.S. News商务印书馆函授学社新闻[J]. 英语周刊，1928（638）：800.

[22]研究国语和国文的好机会——商务印书馆函授学社国语科[N]. 申报，1928-02-15（2）.

[23]C.P.C.S. News商务印书馆函授学社新闻[J]. 英语周刊，1932（836）：738.

[24]丁伟. 一份弥足珍贵的史料：一·二八事变后重订的《商务印书馆函授学社简章》[J]. 出版史料，2011（3）：92.

[25]商务印书馆总馆复业启事——上海商务印书馆谨启[N]. 申报，1932-07-14（1）.

[26]商务印书馆总管理处通告———（第七号）为函授学社事[N].申报，1932-08-01（1）.

（原文载《湖北第二师范学院学报》，2012年第10期）

商务印书馆函授学社
国语科办学特点及其启示（下）

摘要： 商务印书馆函授学社国语科灵活创建了一种介于"本科"与"选科"之间的中短期培训班形式的非学历函授教育体制，主要针对小学教员进行培训。这种新型的开放式教育体制符合民国社会发展的实际需要，取得了显著的教学效果。国语科的教学体制、师资构成、教材特点、课程设置、面授教学环节及使用电子媒介辅助函授教育的做法对当今中小学老师继续教育，都具有宝贵的启发和借鉴意义。国语科在中国近代师资培训、教师教育、远程教育发展史及国语运动史上都具有重大的历史意义。

关键词： 商务印书馆函授学社；国语科；非学历函授教育体制；师资培训

三、国语科办学特点及启示

（一）创建培训班形式的非学历函授教育体制，开启近代中小学师资培训的先河

商务印书馆函授学社在1915年3月开办之后，数年之内，便取得了引人瞩目的办学效果和社会效益，探寻其成功的原因当然是由多方面的因素促成的，但其中一个非常重要的原因，就是函授学社英文科没有完全照搬欧美的函授教育模式，而是根据民国的实际国情和学员的自身需求，灵活地创建了一套由"本科"制与"选科"制构成的双轨函授教育体制。由本文第一部分所述可知，本科毕业需要的时间周期较长，耗费精力较大，不太有利于在职人员顺利完成学业；而选科毕业所需时间较短，但是其课程设置过于单一、零散，在职学员无法获得该科较为系统和完整的专业教育。

如前所述，1920年1月，民国教育部已经下令将小学国文课程一律改为国语课程，对授课内容做出了具体的安排，对教师的国语素质提出了相当高的要求，在较短时期内系统提升小学教员的国语水平已经迫在眉睫。如何在不太长的周期内，又不影响工作的前提下，充分利用业余时间对小

学教员进行系统的国语培训成为摆在文化教育界面前的一个难题。显然，通过函授教育进行培训就是一个不错的选择，函授学社高度意识到了这一点，顺应国语教育潮流的发展，很快便于1921年5月开办了国语科，这也是当时唯一一家开设国语科的函授学校。更令人称赞的是，国语科并没有沿用英文科设置的本科和选科制度，而是创造性地设置了一种介于本科和选科之间的以函授为主、面授为辅的中短期培训班形式的函授教育模式；经过6个月的系统培训后，根据每次完成作业成绩的累积分数，达到及格的水准，学员方可获得相关证书。国语科采取的这种新型的中短期培训班形式的非学历函授教育体制，弥补了本科和选科函授教育体制的不足，开启我国近代中小学师资培训的先河，这在中国近代远程教育发展史上也是一个首创。

我国的远程教育经历了函授教育、广播电视教育、网络教育三个重要的发展阶段，这三个阶段都对信息传输技术发展有着直接的依赖关系。但是每一种新的远程教育形式的产生，都没有简单否定前一种相对陈旧的传统模式，而是三者之间出现了优势互补、相辅相成、互为借鉴、共生共存的现实格局，使远程教育系统更加充实、丰富，其功能愈加强大，在整个成人教育系统中的地位和作用也更加突出。

但是，函授教育相对于其他两种远程教育形式而言，从其诞生之际，就具备了自己独特的优势。其一，它是在教师的遥控指挥下，主要是以成人学员自学为主的一种教学过程，且自学时间学员可以自主掌控，对其日常工作也不会造成任何负面的影响。其二，函授教育对教育技术水平的要求最低，其选择教育媒介的范围和空间具有很强的包容性、伸缩性和灵活性。综合考虑学员经济状况和其所在地区的经济、政治、文化教育的发展水平。可以完全依赖纸质函授教材；也可以以纸质媒介为主体、以传统电子媒介为辅助（比如磁带、光盘、录音机、广播、电视等）；或者以纸质媒介为主体、以新兴电子媒介为辅助（比如电视网络、手机网络、计算机网络等）；或者综合使用纸质媒介、传统电子媒介和新兴电子媒介，使得三者兼而有之。其三，函授教育通常以纸质函授讲义作为主体函授教材，编写纸质函授教材我们有着悠久的历史，积累了丰厚的编写经验，形成了一套较为成熟和完善的编写理论体系。世界函授教育的发展历程已经走过了150多个年头，我国正式的函授教育追溯到1915年3月创办的商务印书馆函授学社，至今也有长达一个世纪的历史，厚重的历史沉淀为我们编写高质量的纸质函授教材提供了可以借鉴和模仿的蓝本，更为超越前人奠定了坚实的精神基础和物质基础。

综上所述，函授教育所适合的受众群体范围最广；在疆域辽阔、人口众多、各地发展水平差异较大的中国大陆，函授教育最易推广和普及。进入21世纪以来，经济全球化持续推进，高新技术日新月异，社会信息化的程度日渐加深，国际间的文化教育交流活动日益密切频繁，这一切都对当今的中小学师资专业水平和综合文化素质提出了更高的要求。为了保证基础教育能够与时俱进，紧随社会发展潮流，各级教育主管部门必须制定切实可行的方案，通过各种途径，加大力度、及时而有效地对广大中小学教师进行周期性的专业培训。而国语科通过这种新型的非学历函授教育模式对小学教员进行专业培训，取得了显著的办学效果，它给我们发出了这样的历史昭示：这种新型的中短期培训班形式的函授教育体制不仅具有很强的时效性，亦不乏系统性，采取这样的方式对现在的中小学师资进行培训仍然不失为一种明智的选择，依然具有很强的可行性和操作性。

（二）一流的师资、适合自学的函授教材

由第二部分的阐述可知，函授学社国语科所聘用的师资全是当时国语教育界的名流、名师，这对国语函授教育事业的发展是非常关键的。函授教育是不同于普通学校教育的一种开放式教育体制，它是在教师有效的指导下，以学生自学为主、集中面授为辅，并有完整教学环节的一种远距离教育形式[1]。因此，函授教育的全过程，从教学内容的选择、教材的编写、作业布置与批改、辅导答疑、考试等重要的教学管理环节的具体实施，都离不开教师的主导作用[2]。

如果再从函授教育的客体——学生的层面去考察，函授教育对教师的业务素质和职业道德要求比普通学校的教师要求更为苛刻，因为函授教育特点决定了一名教师面对的学生数量要远远超出普通学校的数量;而且教师所面对的教学对象是以在职的成人群体为主体，而成人教育对象个体之间的差异性要远远大于一致性[3]。在刚开始接触期间，成人学员对教师的亲切感、仰慕程度、信任程度和尊重程度都远远低于普通学校的未成年学生所表现出的高度。再加之，国语科的招生对象又是以小学教员为主体的，这个特殊的职业群体对其教师的专业素质和职业素质都提出了更高的要求。

再从这种新型的开放式教育体制的层面去分析，我们知道，20世纪20年代初期，大部分国人对这种从欧美引进的函授教育体制都是相当陌生的，更何况，函授学社是首次通过这种新型的远程教育方式重点对小学教员进行国语水平的培训，相当多的成人学员对这种教育方式持有的怀疑态度和不信任程度是可想而知的。显然，如果任用文化教育界名师、名流去担任国语科教师可以在一定程度上打消这种疑虑，增加信任度，可以产生良好的"名人效应"，从而有利于推广和普及这种新型的师资培训方式，最终有助于推动民国国语运动事业的可持续发展。

由此可见，国语科聘请高素质的教员是非常明智的，一流的师资为保证其显著的教学效果提供了必要的前提条件和人才智力支撑。

函授教育对教材的编写也有着特殊的要求。由于函授教育是以自学为主，在当时电子教育媒介极度匮乏的时代背景下，而作为学员获取知识的主要来源——纸质函授教材，就要求通俗易懂、富有趣味、便于自学，才能达到预期的教学效果。

为了加大宣传力度，在社会民众中介绍和推广这种新型的开放式教育体制，函授学社经常在民国社会最有影响力的《申报》和在教育界享有盛誉的《教育杂志》《学生杂志》等期刊上刊登大量的学员来函。虽然，受制于资料的束缚，目前我们无法看到国语科所编制的函授教材，但是根据刊登在报刊上面的学员来信，可以对其编制的函授教材特点窥见一斑。

现在选取刊登在《申报》上面的三封学员来函作为个案进行说明，他们的职业都是中小学教员。其中一封信函是来自于福建诏安县立师范讲习所所长林景崇，详情如下：

> "提倡国语的声浪几乎吹遍全国了，诏邑地处偏僻，无从学习。自入贵社，不啻当面授业，讲义浅显，很易观阅，就是批改课卷，亦很详明，一翻旧卷，而原文之失商酌处，即能觉悟。实在是新开教授国语的捷径。[4]

第二封信函是来自于安徽某县城的一位小学教员赵明诚，其具体内容为：

> 明诚研究国语将近三载，怀疑之点颇多，及入贵社国语科，疑点渐释，盖他书所未道及者，贵社之讲义靡不详悉言之，且由浅渐深，自简至繁，能为有统系的研究。所附练习问题尤能撮要……。我觉三载的功夫不及数月之心得。[5]

第三封信函是来自于上海南翔县城的一位小学教员朱允宗，信函内容为：

> 贵社编辑的讲义，真是研究国语的指南针。讲义上的附有问题，使学者的兴趣更加几倍。答案的批改，真可说尽心尽力，一

点也不苟且，不达到精当的地位不罢。[6]

可见，函授教材的编写具有下列几个明显特点：（1）内容讲解细致、通俗易懂、循序渐进，融合知识性与趣味性于一体；（2）注意讲练结合，注重学习方法的指导。正是函授教材的编写遵循了函授教育的规律，使函授教材成为学员获取知识的重要来源，起到了函授教育媒介的独特功能，从而使学员受益匪浅。

上述国语科的师资构成和函授教材编写特点对当今的中小学师资培训工作给出了下列重要启示：师资力量的强弱和教材编写质量的高低在很大程度将会决定着函授教育的成败，因此在通过非学历函授教育体制对中小学师资进行培训的时候，一定要聘请从事该专业教学与研究的专家和学者担任教师，他们具备渊博的专业知识，深谙教育教学原理，具有丰富的教学经验，面对个性差异较大、可塑性较弱、自我中心意识较强的中小学教师群体，他们才有资质和能力使自身的教育价值发挥到最大限度，才能最大限度地有效保证函授教育的质量；必须高度重视函授教材的建设工作，要聘请长期从事该专业教育教学工作的专家、学者联合打造精品教材，所编著的教材一定要坚持"以学员为中心、适合自主学习"的这一最重要的编写原则，使函授教材真正成为中小教师从中获取知识、形成技能的重要源头。

（三）动态而合理地设置课程体系

前文第二部分已述，国语科在创办初期，根据社会实际情况，首先开设了国语发音学、国语文法、国音练习法、会话、中国音韵沿革史、国语教授法等课程；后来综合考虑国语运动发展趋向和学员的实际需求，又先后增设了国语文选、方音校正、国语词类连书法等新课程。

上述课程设置体系彰显了以下几个明显的特点：（1）进入20世纪以来，学习和研究任何一门现代语言，语音学、词汇学和语法学都是必不可少的最重要的、最基础的三个分支领域，国语科当然亦不例外；由此可见，其课程设置相当合理和完整，符合现代语言教学的规律；但其涉及语音、词汇学的课程都是在其小分支领域内的微观、具体的理论知识的讲解，如国语发音学、会话、中国音韵沿革史、国语词类连书法等，避免讲解宏观而抽象的理论知识，便于学员在较短的时间内学会和掌握；国语科还专门开设了国语教授法，切实提高学员的教学水平。上述特点是符合基础教育对师资专业素质的要求的，基础教育大量需要的是教学为主、科研为辅的教学型的师资，要求教师必须掌握扎实的专业基础知识和基本技能，能够将上述知识和技能通过科学的教授方法成功而有效地传授给中小学学生，它无须要求教师一定要掌握该专业高深和全面的理论知识体系。（2）国语科的课程设置与民国政府最新颁布的《修正国民学校令实施细则》所要求的课堂教学内容保持了高度的契合性和一致性，同时也充分考虑了一线学员在教学实践中的实际需求，其课程设置呈现出了极强的时效性、针对性。（3）开设国语课程特别注重国语口头言语运用技巧、方法和能力的指导和训练，如国语发音学、国音练习法、会话、方音校正等课程有助于国语作为现代语文实现其培养学员口头交际能力这一教学目的，突显了国语教学的一个重要特质有利于学员运用这些技巧、方法指导和训练中小学生，更好地培养他们的国语口头交际能力。

上述课程设置的特点带给我们如下启示：（1）必须综合考虑文化教育变革、教育主管部门颁布的最新相关政策、法规和中小学教师自身的实际需求，科学而合理制定课程体系，才能保证教师专业素质紧随时代发展趋向，有效促进教师专业化的成长。（2）课程设置切忌空泛、抽象的宏观理论，要针对性地侧重于该学科分支领域内的微观、具体的理论知识的学习；同时，要加强教师学员对学习专业知识、形成技能所需要的技巧、方法的训练，以便于他们在课堂教学中能够较为轻松地操作和运用，一定要保证让广大中小学教师"听得懂、学得会、用得上"，只有这样的课程设置才能充分调动他们的积极性，才能达到预期的培训效果。（3）要开设从事该专业教学法研究的相关课程，及时将最新、最有效的教学方法传授给广大一线教师，切实提升其教学水平，持续提高其教学质量，实现基础教育事业的可持续发展。

（四）开办国语正音讲习会，在一定程度上具备了集中面授的重要功能

国语科在1922年的暑假正式开办国语正音讲习会，根据刊登在《申报》上的《第一届国语正音讲习会简章》的介绍，其主讲员均是国语教育界的著名专家：汪怡、范祥善、刘儒、方毅先生；讲习期分为两期，第1期从7月14日起至20日止，第2期从7月20日起至27日止；国语正音会听讲券每张两元（此券可抵作国语科学费两元之用），"惟已入国语科学员可持入学证书为凭，随便本届国语正音会听讲，不必另购买听讲券"；学员经过考核，成绩合格者被授予国语正音证书；会址在上海宝山路宝兴里尚公学

校；报名处设在上海棋盘街商务印书馆函授学社；讲义不另取费，膳宿概不供备，另备简章，函索即寄；为了方便学员联系和咨询，特意安排专职人员章寿槐担任通信员[7]。

国语正音讲习会时间安排在暑假期间，且国语科学员凭借入学证书均可免费听讲；考核成绩合格后，还可以获得相关证书。国语科对国语正音会的这种安排充分调动小学教员及中等学校学生的参与积极性，提高培训质量。由于商务印书馆在文化教育界具有很高的信誉度和影响力，取得证书的小学教员的资质也容易被单位和社会认可。因此，国语正音讲习会受到学员的广泛欢迎。虽然国语正音讲习会的设置并不能完全等同于现代函授教育中的集中面授教学环节，但在一定程度上起到了集中面授的教育功能。

国语正音讲习会的开办为当今的中小师资培训工作给出这样的昭示：函授学社国语科培训班对小学教员进行培训后，学员可以获得双证书，一个是结业证书，另外一个是专业技能证书。借鉴国语科的做法，在对中小学教员进行集中面授的时候，培训班教学内容的安排要以国家职业标准为导向，与社会技能考核大纲的要求接轨，使学员通过培训课程的学习后，可以直接参加教育部门或其他职能部门的职业资格或技能等级考试，考试合格的学员可以获得相关证书，这样有能力的教师学员通过非学历函授教育的培训后，可以同时获得两个证书，从而更好地激发其学习热情和动力，可以大幅度提升培训质量，产生良好的社会效益。

（五）制作语言留声机片，辅助国语函授教育

为了推动国语运动持续、深入的发展，中华书局在1920年8月利用欧美的高科技技术率先成功制作了一套语言留声机片——《中华国音留声机片》，在1921年2月推向市场对外发售，开创了国人自制语言留声机片的先例。商务印书馆不甘落后，紧随其后，也利用这项先进的技术成功制作了国人自制的第二套语言留声机片，在1922年11月正式对外发行这套《国语留声机片》及配套教材[8]。商务印书馆发行这套语言留声机片，目的十分明确，"函授国语及英文，有一极困难之问题，即发音是也。……国语科有'国语发音学'讲义，固足为发音之助，惟终不及当面教授之正确。商务印书馆有鉴于此，特制英文留声机片及国语留声机片。……有志研究或矫正发音者，皆宜购买"，并对国语科学员给予最低价格优惠，只需花费20元即可[9]。

这套高质量的语言留声机片由我国著名语言学家赵元任博士编著、读

音和监制的。它的编辑特色鲜明，详情如下：

> 稿本经赵博士悉心编制，完全是活用的国语，不是单念的国音字，所以不叫国音留声片，而叫国语留声片。他的特色是：（1）很合于实用的口语；（2）合于科学的；（3）合于美术的；（4）极有兴趣；（5）顺序完善。凡用钢针发声的留声机上，此片都可用，百代宝石针机器，换一钢针龙头，亦可通用。……。全套分十六课：（1）字母读音；（2）拼音举例，国音字母歌；（3）（4）拼音字全表；（5）（6）校正方音；（7）声调；（8）声调相连的关系；（9）（10）词句；（11）标点符号读法，成语；（12）（13）短篇故事，会话；（14）文选；（15）（16）诗选，唱歌。[10]

为方便学员自学，特意出版配套的《国语留声机片》课本一册，免费赠给购买者[10]。显而易见，这套语言留声机片的编辑内容和编辑特色与国语科开设的课程设置和纸质函授教材编写特点几乎保持了高度的一致性和协调性，在很大程度上可以称得上是一整套翻版的电子本函授教材，将语音、词汇、句型、语法与课文有机地融合在了一起，注重实际操练和应用，容知识性、趣味性、欣赏性与技能于一体，以培养学员的国语口头交际能力为最终目标。

这套国语留声机片的问世，从根本上解决了对学员进行系统听说能力培养的问题，弥补了纸质函授讲义的不足，有效地改善了自学国语的语言环境。国语科顺应时代潮流，及时运用留声片作为教学用具，辅助函授教育，这一做法对当今的中小学师资培训工作有着下列重要启示：相关教育部门、机构一定要密切关注现代教育技术的发展动态，及时将日臻成熟完善的高科技技术——计算机网络教育技术，引入到函授教学领域，努力构建一个以文字教材为主体，面授指导与多媒体传输为辅助，因地制宜、远近并举、优势互补、灵活多变、注重实效的，适合各种学习环境下中小学教师自主学习的，具有中国特色和广泛服务空间的现代远程教育体系。只有这样，通过非学历函授教育对中小学教师进行培训的教育事业才能长盛不衰，才能保持长久的生命力。

（六）已经具备较为完整的教学环节

考察国语科制定的简章和其日常的教学实践活动，可以发现，国语科从事的这种非学历函授教育已经具备了入学、自学、面授、辅导、答疑、作业、奖励、毕业考核等重要的函授教学环节，这些教学环节有机地联系起来，构成了一个完整的教学过程。毫无疑问，国语科已经具备了现代函授教育应该具备的最基本的教学环节。值得一提的是，如前文第二部分所述，在教学实践活动中，国语科根据学员的自身实际情况，采取了灵活多变的方式对学员进行国语正音，包括下列：在上海本地组织国语正音讲习会、国语正音科，去外地举行国语正音讲习会，或者让学员随时到函授学社，直接对其进行单个正音。在某种程度上这就相当于现在的集中面授、巡回面授和个体面授。函授教学过程中各个重要的教学环节组成一个彼此相互有着密切联系的有机整体，每个教学环节都有着自己特定的地位和作用，不能互相取代，它们共同构成合理的教学过程结构，任何轻视或消弱某些教学环节的做法都不利于培养合格的人才。很显然，精心制定并严格实施完整的教学环节是国语科取得显著教学效果的一个非常重要的因素。

历史发出这样的昭示：在通过非学历函授教育对中小学教师进行培训的时候，不能因为其周期不长，而随意忽略或取消某些教学环节，因为这样草率的行为很有可能会影响到教学质量，损害其办学声誉，因此，培训机构一定要认真坚持较为完整的函授教学环节尤其在对欠发达地区的中小学教师进行培训的时候，一定要灵活多变地安排面授方式，因地制宜，因人而异，采取多种不同途径的面授形式，如集中面授、巡回面授、个体面授等，即能够让学员"请进来"，也能够让教师"走出去"，或者两者兼而有之。只有这样，才能真正体现"以人为本"的教育服务理念，才能真正加快广大一线中小学教师的专业化发展进程。

四、历史意义

商务印书馆创建函授学社，直接从事教学实践活动，可谓"辅助教育为己任"、"开启民智、昌明教育"这一出版理念的延伸和体现。国语科创建的这种"短、平、快"新型非学历函授教育体制，既具有时效性，又不乏系统性，不受学员职业的束缚，突破时空、地域的藩篱，充分利用沿海丰厚的"有限"教育资源惠及广大中西部、偏远地区的"无限"的小学教员群体。据统计，1923年期间毕业的国语科学员就分别来自于上海、北京、天津、湖南、湖北、浙江、江苏、山东、广东、福建、海南、四川、云南、贵州、河南、河北、辽宁和黑龙江等省份，学员大部分都是上述各省份所管辖的县镇地区的小学教员；其中最远地方的小学教员，有的来自黑龙江哈尔滨呼兰区，有的来自于云南马关县（属于云南省文山壮族苗族自治州），有的来自于贵州的慈安县，有的来自于四川的泸县（属于泸州市）和岳池县（属于广安市），还有的来自于海南的文昌市[11-13]。很显然，这种中短期培训班形式的开放式教育体制显示出了极强的生命力、穿透力和辐射力。

国语科开办的这种中短期函授教育师资培训班，首次使用现代电子媒介辅助函授教学，开辟了一条中小学教师培训的新途径，在一定程度上弥补了民国师范院校办学资源的不足，有力推动了基础教育事业的发展，这在中国近代中小学师资培训、近代教师教育和近代远程教育发展史上都具有标杆性的历史意义。直到1943年，这种非学历开放式教育体制才走进民国官办的师范教育系统；1943年教育部颁发《师范院校附设中心国民学校教育进修班及函授学校办法》第18条，指定部分大学办函授学校，以便优秀教师的在职进修[14]。至此，这种新型的师资培训方式才被民国教育部正式认可和接受。不难断定，作为最早实施这种新型师资培训方式的国语科，其所起到的带动和示范作用是不可低估的。这种新型的开放式教育体制对中国传统学校教育体制产生的重大冲击和影响，在中国教育近代化的历程中，担当了重要的推手作用。

中小学教员接受过培训后，在特殊的工作环境中，他们都成为重要的国语传播源头；而中等学校的学生在毕业之后，很有可能从事基础教育事业，他们的职业岗位赋予他们强大的引领、示范、传播、推广和辐射功能，其受众对象将会呈现出几何倍的增长，其传播速度之快、传播质量之高、传播效果之显著都要远远超出其他职业群体。国语科也为民国国语运动的发展做出了重要的贡献。

国语科的开办标志着商务印书馆函授学社已经具备较为成熟、完善的由学历教育和非学历教育构成的函授教育体系。本科学历教育体制又分为四个不同层次的办学形式；非学历教育体制又分为选科和中短期培训班办学形式。商务印书馆函授学社的办学成功充分说明了只有具备多层次、多种类的办学形式的函授教育才能满足社会上多元化的需求，才能满足成人群体的个性化差异需要，才能更加适应我国地区经济、政治、文化教育发展水平差异较大的现实国情。

参考文献：

[1]杜志全，许建国．函授教育学[M]．北京：光明日报出版社，1988：3.

[2]赖春明．函授教育与管理[M]．北京：解放军出版社，1989：191.

[3]祝捷．成人教育概论[M]．沈阳：东北大学出版社，2006：113-114.

[4]阁下不是有志求学而苦于无入校的机会吗?请即日加入商务印书馆函授学社[N]．申报，1923-06-11（2）.

[5]阁下不是有志求学而苦于无入校的机会吗?请即日加入商务印书馆函授学社[N]．申报，1923-07-20（3）.

[6]阁下不是有志求学而苦于无入校的机会吗?请即日加入商务印书馆函授学社[N]．申报，1923-09-12（2）.

[7]商务印书馆函授学社国语正音（第一届）、英语正音（第四届）讲习会[N]．申报，1922-06-08（3）.

[8]丁伟．中国最早的一套语言留声机片——中华书局出版的《中华国音留声机片》[J]．编辑之友，2011（9）：109-110.

[9]C.P.C.S. News商务印书馆函授学社新闻——国语及英语留声机片[J]．英语周刊，1928（648）：1000.

[10]商务印书馆发行；赵元任博士编著、读音、监制国语留声机片已到![N]．申报，1922-11-24（1）.

[11]C.P.C.S. News商务印书馆函授学社新闻——商务印书馆函授学社历届毕业学员题名录[J]．英语周刊，1931（791）：1844.

[12]C.P.C.S. News商务印书馆函授学社新闻——商务印书馆函授学社历届毕业学员题名录[J]．英语周刊，1931（792）：1864.

[13]C.P.C.S. News商务印书馆函授学社新闻——商务印书馆函授学社历届毕业学员题名录[J]．英语周刊，1931（794）：1904.

[14]陈斌，卢勃，陈宝华．论我国远程教育的产生及其初期发展[J]．广东教育学院学报，2005（6）：52.

（原文载《湖北第二师范学院学报》，2012年第11期）

下篇　函授教学专题研究

民国时期中华书局附设函授学校
办学经历概述、特点总结与其启示

摘要：主要利用民国报刊资料，回顾了中华书局附设函授学校长达16年的办学经历，总结和反思了其办学特点，以期对当今的高等院校的函授教育事业提供启发和借鉴；中华书局附设函授学校取得了显著的办学效果和社会效益，有力推进了中国近代化教育事业的发展，它是中国近代远程教育、成人教育、职业教育发展史中的极其宝贵的篇章。

关键词：中华书局附设函授学校；办学经历；办学特点；启示

我国远程教育起源于19世纪末期。私立专门函授学校兴办的术科函授教育、在华外国教会学校开办的函授教育和官方从事的华侨、师范函授教育事业的发展是我国早期远程教育发展的3个重要组成部分[1]。其中，近代民营出版机构，充分凭借自身雄厚的人才智力资源、丰厚的纸质媒介资源的优势，兴办的术科函授教育尤其引人瞩目。商务印书馆于1915年3月创办国人自办的第一家专门函授学校，首先开办英文一科，正式拉开了近代函授教育的序幕[2]。此后，文明书局、上海新中国印书馆、中华书局、开明书店、世界书局、大东书局纷纷先后创办：文明书局附设函授学社（首先开设商业科）[3]、上海新中国印书馆附设英文函授学社[4]、中华书局附设函授学校（首先开设英文科）、开明中学（函授）讲义社（设有当时中学所开设的全部科目）[5]、世界书局英文函授学校[6]、大东书局函授学校（开设文书、日文两科）[7]和大东书局附设大东法律函授学校[8]，至此，近代民营出版机构开办的函授学校俨然已成为当时一支非常重要的函授教育办学力量。

在上述的函授学校中，商务、中华、大东及开明书书店创办的函授学校均"有着显著的成绩和光荣的历史"[9]，取得了显著的办学效果和社会效益，在中国早期远程教育史上占据着极其重要的位置；其中，又以商务印书馆、中华书局附设函授学校的办学成绩最为突出，这两所函授学校的办学规模最大、办学持续时间最长、毕业学员人数最多、办学声誉最著、办学社会效益最佳，因此上述两所函授学校极具个案研究的价值，但学界对此关注不够。近年来，随着普通高等学校多年来的连续扩招和其他教育形式的不断涌现，及其他内外因素的共同作用，成人高等函授教育正面临着更加严峻的形势和挑战[10]。鉴于上述原因，如果把中华书局附设函授学校的办学情况做以个案探讨，不仅具有较高的学理价值，而且亦不乏较强的现实意义。

一、办学经历概述

（一）创办于1926年3月，首先开办英文科

中华书局于1926年3月正式创办中华书局附设函授学校（以下简称中华函校），"英文一科在中等学校几为必修课，商界交际应用广泛，顾良师难得，每有学习数年而音欠准确、文法错误者，废时耗材良可慨也"[11]，在上述历史背景下，特先开办英文科，分为两种学制，一种为本科（学历教育），分初等、高等，各三级，程度约与初中、高中相当；另设选科（非学历教育），任选一科或数科，由浅至深均有[12]。后来为强调高质量的教学效果，特意声明："本科分六级，初等三级，高等三级，程度与优良中学相等。实行改削课卷与仅标正误符号迥别。讲义明白，显豁程度由浅入深，略识字母者即可入学。发音用万国发音符号，无论何字，无不能发音之弊"[13]。"每级一年，但得缩为半年，或延长至二年。课艺由教员批阅，如有疑义质问，由教员批答。每级读完，给修业证书；三级读完，给毕业证书。"[12]

本科初等英文科各级课程设置如下：

第一级：英语基本课程，正音符号练习，正音和拼法，读本，初等英文文法，简易会话，简易句构造法，记字捷径，英文习字法，习字帖；

第二级：读本，中等英文文法，普通会话，复难句构造法，点句法，翻译初步，作文初步，尺牍初步（书信），习字帖；

第三级：读本，高等英文文法，社会用会话，故事选录，新闻译例，应用文件（例如信柬，章程，报告等类），短篇作文，短篇翻译，普通信札。[12]

本科高等英文科各级课程设置如下：

第一级：文学史辑要，修辞学，英美文选，上古史，成语话用

法，作文，社交尺牍，翻译；

第二级：名著选粹，英美文选，中古史，近世新闻编辑法，介词活用法，作文，商业尺牍，翻译；

第三级：名著选粹，近世文选，近世史，文学研究法，世界名言集，作文，公文程式（机关相互往来联系事务的文件格式），翻译。[12]

上述本科课程设置情况一直持续到1933年没有变化。

开办选科的目的十分明确："另设选科，备略有根底者，就志愿及需要，选习一科或数科"[14]；选科可供选择的科目有下列：读本、初级文法、高级文法、造句法、修辞学及作文、文学、历史、初等尺牍、高等尺牍、会话、初等翻译、高等翻译等十二科。[13]上述选科课程设置情况也是一直到1933年没有发生变动。

函授学校成立之际，供职或兼职于英文科的教职员工全都是文化教育界的知名人士：校长为吴任之博士（健），主任为沈问梅先生（彬）；负责编辑函授讲义和批改课卷的教师有：东南大学文科教授白约瑟学士（Mr. Joseph Whiteside, B. A.），东南大学英文科教授李玛利硕士，上海南洋大学教授杜光祖学士，东吴大学英文科教授吴献书学士，中华书局英文部编辑员朱恬持学士，湖南大学工科土木系主任俞亨硕士，美国华盛顿大学通儒学院马润卿博士，前北京高师、农专教授陆费执硕士，江苏省立第一中学校长陆殿扬先生，东吴大学历史科主任张似旭学士，中华书局英文部编辑刘元龙学士，暨南学校英文教员刘尚一先生，中华书局英文部编辑员戴昌藻硕士，扬州第五师范学校英文教员樊兆庚先生。他们全是学问渊博、研究能力突出、经验丰富的学者，且均系留学英美知名人士。[15-16]从1926年至1933年期间，校长一职未有变动，但教务主任在沈问梅离任后1928年3月由马润卿继任教务主任。[17]

上述众多名流中，尤其以吴献书和陆殿扬二位先生在民国英语教学界取得的成就最为突出，吴献书被誉为"东吴元老""东吴名师"和"近代中国英语界教学界之大师"[17]；陆殿扬为民国时期著名外语教育家，尤其以宣传、介绍起源于欧美的外语教学法——直接法（Direct Method）而著称，并为努力构建一套适合中国国情的直接法教学法理论做出了重要贡献。[18]毋庸置疑，英文科拥有一流的英语师资力量为其成功办理函授教育奠定了坚实的基础。

（二）1935年3月恢复正常办学，设置英文科、国文科

到了1933年，因"改革课程，重编课本"，一度停招，于1935年3月"依据最新教学法及社会情形所编之新课本，业已完全告竣"，开始招生新学员。"文字系研究任何学科的工具，也是从事任何事业的工具，我们要读本国书籍或写作关于本国的文字文件，非研究国文不可；我们要阅读外国书籍或与外国人交际，则世界流行最广的英文，也有研究的必要，所以本校先办此二科"，考虑到上述原因，中华函校决定恢复英文科，同时添设国文科，本科学制改为由初级、中级、高级构成的三级制，选科暂不开办[19]。

校长为中华书局编辑所所长、著名教育学家舒新城，教务主任为李唯建，国文科主任为张相，其教员均系知名专家、学者，主要有：刘继宜、宋伯韩、金兆梓、丁辅之、沈颐、吴志抱、倪文宙、吴廉铭、金寒英、喻守真、韩非本、张文治等人；英文科主任为王祖廉博士，其教员与改制前的师资状况变化不大，又增加了下列几位外语教学专家：余楠秋、顾仲彝、钟作猷、王翼廷和桂绍盱先生。

英文科本科各级开设的课程体系如下：

英文科初级——入学程度：曾习字母及浅近拼音者。课程及课本：英文习字法，正音和拼法，初级英文读本，初级英文法，简易会话，点句法及大写法，造句法，记字捷径，翻译初步（各附修学指导）。

英文科中级——入学程度：曾习英文一二年、识千字左右者。课程及课本：中级英文读本，中级英文法，会话，尺牍，作文入门，应用文件，成语例解，翻译，故事（各附修学指导）。

英文科高级——入学程度：曾习英文三四年而不能写作自如者。课程及课本：英美文选，修辞学，作文、商业应用文件，介词活用法，商业尺牍，阅报指南，英美文学辑要，新闻译例（各附修学指导）。[19]

国文科本科各级开设的课程如下：

国文科初级——入学程度：高级小学程度或粗通文字者。课程及课本：国文读本，国文副读本，虚字使用法，尺牍入门，新式标点使用法，成语使用法，时论文范，诗词易读，孟子选读，论语选读（各附修学指导）。

国文科中级——入学程度：初中一二年级或略读古文，而文理不甚通顺者。课程及课本：古文读本，古文副读本，文法作文合编，普通尺牍，成语类选，现代文范，应用文举要，诗词选，左转选读，史记选读（各附修学指导）。

国文科高级——入学程度：文理已通顺而有志深造者。课程及课本：高级古文读本，高级古文副读本，修辞学，高等尺牍，应用文范，诸子文选，诗选，词选，经传文选，曲选，文字源流，国文源流（各附修学指导）。[19]

上述的无论是英文科各级，还是国文科各级，每级修习完毕，都可以获得相当于初中、高中、大学预科水平的单科毕业证书。

值得注意的是，改制后重新面向社会招生的中华函校为了吸引已毕业学员在本校继续升级深造，特于1935年11月公布了一个新制定的减收学费规则，"求学贵有恒心，诚能立定主意，始终勿懈，无有不成功者。否则功亏一篑，岂不可惜。敝局为奖励旧学员完成学业起见，新定优待办法，凡升入中、高级者，学费照下表定额，减收二元至四元不等。中途失学之有志青年，幸勿交臂失之。……。"[20]这项新制度的出台，不但可以调动学员的上进心，使毕业学员转化成新的生源，从而保证稳定的生源，而且也有利于吸引社会青年积极报名接受函授教育。

（三）1936年5月，添设日文本科

1936年5月，依据当时社会的需求，又添设日文本科。日文科各级课程的讲义名如下：

初级：1.假名与发音，二册；2.单字与虚字，一册；3.初级日文读本，十册；4.简易日本文法，四册；5.简易日华会话，四册；6.造句与翻译，四册；7.译注日本童话，五册；修学指导，四册。

中级：1.实用日文读本，十册；2.口语文法概要，四册；3.作文与翻译，四册；4.实用日华会话，四册；5.新闻选读，二册；6.散文选，四册；7.日文惯用法，二册；修学指导，四册。

高级：1.日本名著选粹，十册；2.日本文语文典，四册；3.日本尺牍，二册；4.外来语详解，二册；5.应用文件，二册；6.高级作文与翻译，六册；7.近世文语文选读，四册；修学指导，四册。[21]

日文科主任为著名语言学家、翻译家、外语教学专家钱歌川先生，教员全部系从事日语教学与研究的知名专家和学者，主要有：萧百新、虞中匡、何穆森、杨维铨、凌则民、张梦麟和阮有秋等。

（四）1936年6月，增设算学科

1936年6月，又增设算学本科，其课程体系信息如下：

初级：学费七元，供小学程度粗习算术者修习；课程为算术、商业算术、初级算学史、算术难题解等。

中级：学费九元，供高级小学或初中程度补习者；课程为代数、平面几何、立体几何、数值三角等。

高级：学费十一元，供初中毕业或高中程度有志继续研究者；课程为高等代数、高级平面几何、三角、高级算学史、高级立体几何、解析几何大意等。[22]

以上算学科各级各附修学指导。算学科主任为仇毅，教员均系从事算学科教学与研究的专家、学者，他们分别是：陈绍石、仇平、成庸声、华襄治、张鹏飞、陈润泉、郁树锟等。

（五）1936年8月，再增设商业科

1936年8月再添设商业本科，有关各级课程体系的具体信息如下：

初级供工商业实习员、文字通顺或高小毕业程度、研究商业者修习。课程有：商业大意，商业算术，商业地理概要，商店管理，商业簿记，商业文牍，店员修养，合作事业大意等。

中级供工商业中级职员或初中程度者修习。课程有：经济学大意，商业概论，商业地理，簿记及会计，交通运输，金融概要，商业应用文，商店售货术，合作事业，法律常识等；

高级供对于商业学科已具根底、有志深造者修习。课程有：商业经济，国际经济与贸易，货币与银行，会计及审计，特种会计，商品学，工商管理，商事法，商业统计，广告学。[23]

以上各级各附修学指导。商业科主任为武培干先生，教员都是在大中院校从事商科教育与研究的著名教授、专家。

（六）1937年4月，国文科、英文科开办选科

1937年4月，中华函校国文、英文两科又添办选科。根据自己的实际情况，学员首先选择一个大课程组，然后再选择适合自己的小课程组来学习。

有关国文科选科、英文科选科的课程信息如下：

国文课目，每组收费六元——文法（读书不多、作文感觉困难

者选习）——甲组（小学毕业程度）：国文读本（包括文法），十册；虚字使用法，八册；休学指导，两册。乙组（初中以上程度）：文法、作文合编，八册；修辞学，六册；修学指导，两册。

函牍（欲研究信件文牍及应用文者选习）——丙组（小学毕业程度）：尺牍入门，六册；应用文举要，四册；成语使用法，二册；修学指导，两册。丁组（初中以上程度）：普通尺牍，六册；高等尺牍，四册；应用文范，四册；修学指导，两册。

选读（此三组不相连贯，备有志涉猎旧学者选习，但入己、庚两组者须国文具有根底）——戊组：孟子选读，两册；论语选读，两册；左传选读，两册；史记选读，两册；修学指导，两册。己组：经传文选，两册；诸子文选，六册；修学指导，两册。庚组：诗选，两册；国学源流，两册；词选，两册；曲选，两册；修学指导，两册。

英文课目，每组收费八元——文法（读过英文而文法未熟练者选习）——A组：初级文法，六册；点句法及大写法，二册；造句法，四册；修学指导，二册。B组，中级英文法，成语例解，修学指导。

应用语文（英文略有门径而欲求实用者选习）——C组：简易会话，四册；尺牍，四册；应用文件，两册；修学指导，两册；D组：会话，四册；商业尺牍，五册；商业应用文件，三册；修学指导，两册。

翻译与文学（英文已有相当程度者选习）——E组：翻译初步，四册；翻译，四册；新闻译例，两册；修学指导，两册。F组：英美文选，十册；英美文学辑要，四册；修学指导，两册。[24]

显然，与1933年改制前的选科比较，这次调整后的课程体系更加丰富和完善，更加突出了职业性、技能性和实用性，显示了更强的包容性、灵活性、弹性化和多元化的特点，可以更好地满足社会上不同类型的成人学员群体的个性化、多样化的需求。

（七）1939年3月，又增设书法科

1939年3月，中华函校为满足社会民众的实际需求，又增设书法科，其相关办学信息如下：

书法为我国固有艺事之一，不仅足以怡情养性，且为治理任何事业所必需。本校应社会之需要，添设书法科，供有志于斯道者之研习，较之无师摸索，事倍功半者，其相去不可以道里计。现暂设初、高两级，辑有讲义，选印名人碑帖，俾学员获得详尽之理解及适当之练习。初级以小学程度者为始程，练习大楷与小楷；高级以中等程度者为始程，大小楷以外，兼及行书、草书，均以一年为期。讲义及字卷，均聘有专家编辑或批改，对于各学员之课业，自可获得意外之猛进。[25]

值得注意的是，就在中华函校在《申报》上发布添设书法科广告的同时，也在上面公布了一个重要的《本校征集评奖课卷启事》。早在办学之初期，中华函校为鼓励学员的进取精神，便制定一项年度毕业学员评奖制度，把它明确写进学校章程中，"每年举行评奖一次，凡正科（即本科）学员修毕一级而成绩优良者，得参加评奖"。但自从1937年八一三事变爆发以来，"但因交通阻滞，外埠学员无法通邮者，实具多数"，结果造成"以致评奖一事，延搁甚久"。在这极其艰难的办学环境下，中华函校依旧没有放弃年度评奖制度的实施工作，仍然不忘激励学员完成学业，特意对其进行了适当的调整，"兹为鼓励学员起见，拟定于本年六月底，先就可通邮寄各地之学员，举行评奖；其暂不通邮之处，一俟交通恢复，再行补办。特此登报通告：凡我正科（即本科）学员，业经修毕一级者，务望将所有课艺及试验卷整理齐备，交邮挂号寄交本社，幸勿坐失应得奖金之机会。"[26]

中华函校为了加大宣传力度，时常在报刊上刊登年度获奖者的名单、通信方式等个人信息，比如，在1929年11月1日[27]、1935年3月10日[28]、1936年8月28日[29]、1939年7月17日[30]的《申报》上，便可以查到上述获奖学员的信息。综上所述，中华函校一直在认真实施这项年度奖励制度，即使是在非常特殊的日军全面侵华战争时期，仍然坚持不懈，其助学之决心、办学之热忱、态度之诚恳足可窥见一斑。

至1939年3月，中华函校开设的学历教育专业相当完备，英文、国文两科还开办选科，教学体制和课程设置日趋成熟、完善，教学效果日益显著。截至1937年4月，就已经有共计一万五千余名的学员在该校接受了函授教育[31]，"本校创设于民国十五年，迄已十年于兹，声誉素著，学员遍及各地"[32]，能够取得上述办学成绩，中华函校给出这样的自我评价："本校教员都是学问渊博、而富有经验的学者，故所编课本，由浅入深，循序渐进，且针对现在社会的需求。批改课艺，尤为认真，不但改正错误，并注明错误的原由"，因此中华函校断言："学者如能勤恳自修，将来的成绩一定可观"[27]。

根据刊登在《申报》上的优秀学员获奖名单及其个人信息，可以发现，其学员来源于国内社会各个领域，主要有工、商、学、军、政、宗教界等机构，还有一些学员来自于香港、澳门等地，值得一提的是，亦有一些学员是来自于日本、东南亚国家的华侨[27-30]。其办学规模之大、办学影响力之强、办学质量之高是毋庸置疑的，当然，这也是显示了这种新型的开放式教育体制具有很强的穿透力和辐射力。这对一所开办仅十余年的函授学校而言，而且是在抗日战争的特殊环境下所取得的成绩，已经实属不易。随着太平洋战争的全面爆发，中华书局在上海的一切经营活动都被迫停止，中华函校亦宣布停办。

二、办学特点总结与启示

（一）聘请一流的师资

中华函校大打名人牌，如文中第一部分所述，从校长、教务主任到各科主任、一般教员都是文化教育界的名流，这对函授教育事业的发展是至关重要的。首先，教员本身就是一张招生名片，本身就是一个活广告，可以在招生宣传中产生良好的名人效应；其次，一流的师资为保证其高质量的函授教学成绩提供了必要的前提条件。

中华函校高度重视师资队伍的建设是非常富有远见的，已经自觉意识到了函授教学模式具有不同于学校课堂教学模式的显著特点。首先，毫无疑问，从事函授教学活动的教师必须具备一名日校教师应该拥有的职业素质和能力结构，但函授教育对师资力量有着更高的要求，这是函授教学的特点所决定的。我们对现代函授教育的定义可以这样表述：函授教育是以有指导的业余自学为主，集中面授为辅，并有完整教学环节的一种远距离教育形式[33]。

那么，教师指导学生的一个重要媒介就是教师编辑的函授讲义，教师水平的高低直接决定着函授讲义的编写质量，最终在很大程度上决定着学生的自学成败，仅就这一点而言，已经对教师的综合素质提出了很高的要求。函授教育的特点还直接造成了一名教师所面对的学生数量要远远超出一般教室所容纳的数量，而且他所面对的教学对象群体更加复杂、更加难以掌控、更加具有挑战性，因为它的教学对象往往是以在职的成人教育为主体，而成人教育对象的差异性远远大于一致性，主要存在年龄差异、职业差异、学习目的差异、个性差异（包括知识、技能、经验、智力、兴趣等）[34]，那么在辅导答疑、作业批改的教学过程中，教师要解决学员提出的复杂多变的问题，并要逐一改正千差万别的错误，这就势必要求教师必须储备广博的信息量，渊博的知识结构，否则很难胜任此项工作。

在中国早期的函授教学活动中，基本上都缺乏集中面授的机会，受制于当时的科学技术水平，师生之间存在阻碍听觉、视觉信息的自然传播空间，是一种异地实施教学的、以学生自学为主的教育活动；教师对学生的指导、师生之间的沟通与交流都是通过互通信函的方式来完成的。无论是学员获取学习内容的载体，还是彼此间沟通、交流的信息内容载体都必须依赖于纸质媒介上面的文字，这就要求教师还必须具备流畅清晰的书面语言表达能力。这种书面表达必须是简洁易懂、富有逻辑、切中要害、可以达到预期教学效果的，否则会严重损害教学质量，而且还要通过这种卓有成效的书面表达向学员展示教师的文化素养和人格魅力，从而更好地教书育人。很显然，中华函授学校所拥有的一大批文化教育界名流是能够胜任这项工作的。

历史给当今的高校函授教育事业发出这样的昭示：（1）高等院校要想切实提高函授教育的质量，摆脱函授教育的现实困境，首先必须要拥有一批稳定的、富有经验的、专家学者型的高素质师资队伍，既有利于招生工作的宣传，又使高质量的教学效果成为可能，否则一切都将成为空谈。（2）师资队伍要由专职教师和兼职教师构成，专职教师要聘请那些热爱函授教育、有高度的责任心、丰富的函授教学经验、较高业务水平的教师，主要负责日常教学管理工作，兼职教师要聘请校内外名流、名师担任，主要承担讲义编辑、学员面授、毕业考核等重要的教学工作。

（二）高度重视辅导答疑、作业批改、教学考核工作

中华函校极为重视学员的辅导答疑教学环节，"学员修习讲义时，遇有疑难之处，如经查看注释、翻阅字典后，尚有不明瞭者，随时可向本校质问，由负责的教员详细答复"。"批改课卷，尤为认真，不但正其谬误，并将错误改正外，更注明错误之原由。"[35]

学员在平时自修期间，因该按照要求完成两种类型的作业，一种是，每册讲义中所附有的练习问题，在修习讲义时，经过认真思考后，"即须

详细作成答案，然后再与修学指导中所载之答案一一核对，自行改正错误"，然后再将作业分次邮寄到中华函校，经过核查，并做以记录后，再返还给学员；另外一种是，按照讲义要求，每门课程通常需要学员"作文十次，寄交本校详细批改，改后发还"。[15]

根据公布于《申报》上的两份批改过的国文科、英文科学员的课卷（翻拍的课卷，标有学员姓名、级别和学号），可以清晰地看到，批改的范围非常广泛，由标点符号、单词（或汉字）、词组、固定搭配，到句型、语法，再到段落、篇章全部都有涉及；不仅仅是将错误答案给予简单地改正，而且还详细指出错误原因，并且对此类的语言现象，举一反三，详加说明，非常有助于加深学员的理解和记忆。[36]

中华函校对毕业成绩的鉴定采取的是一套综合性评价与测试体系。评价函授学员是否达到毕业水平的主要依据学员以下三个层面的表现：其一，如上所述，每册讲义中需要完成的课后练习作业成绩；其二，如上所述，修完每级课程需要完成十次"作文"（相当于现在考试中的论述题）的作业成绩；其三，学员的毕业"大考课卷"考试成绩，"而大考课卷则由校长吴博士、主任沈先生亲自批定"[36]。由此可见，中华函校实行的是一套"平时课后练习作业成绩+课程结业成绩+毕业考试成绩"动态性考核体系，而且对待毕业考试极为重视，由校长和教务主任亲自逐一批改试卷，严格把关。

上述特点可以给当今的高等函授教育带来以下有价值的启示：

1.教师要高度重视辅导答疑和作业批改，精心处理，及时反馈，并做好相关记录。辅导答疑、作业批改都是函授教学过程中的非常重要的教学环节。辅导答疑的目的是为了解函授生在自学过程中提出的疑难问题，指导学习方法，改善教学质量；作业的目的是让学生巩固所学的知识，也是教师指导学生将所学知识运用于实际并转化为能力的重要环节，而且函授生学习中存在的问题大量可以从作业中反映出来。

辅导答疑、作业批改还具有下面几个特殊的功能：（1）动态性地督促学生自学；（2）动态性地发现学生自学过程中的遇到的各种问题，及时给予指导和帮助，顺利推动自学过程的正常进展；（3）全面地了解每位学生掌握知识的情况，总结出有共性或有规律性的难点、疑点，以便在集中面授期间，对症下药、有的放矢，有针对性地给予重点辅导和讲解，提高教学效率；（4）学生在辅导答疑教学环节中的表现和作业成绩也是毕业考核体系的一个重要构成部分；（5）教师在辅导答疑、作业批改中所表现出的敬业精神和严谨态度，会直接感染、带动学生，有助于形成正确的学习态度，培养他们养成良好的学习习惯，有利于塑造积极向上的学风。

2.要像中华函校那样，要构建和实施一套科学、合理的形成性评价和终期性评价相结合的毕业考核体系，以期全方面、多元化、多侧面地对学生做出客观、公正、民主的综合性评价，帮助学生有效调控自己的学习过程，使学生获得成就感，增强自信心，培养合作精神，从考核制度上尽量降低考试作弊事件的发生频率；严肃考风考纪，增加毕业文凭的含金量，扭转函授教育质量下滑的发展趋向，提升其在社会上的诚信度和信誉度。

（三）综合考虑社会需求、自身办学优势、学员个体需要的前提下，合理开设专业，科学制定教学体制与课程体系

如文中第一部分所述，中华函校顺应时代变迁，依次开办了英文、国文、日语、商业、算学等科，这些专业的设置都是符合民国社会发展对人才需求的实际状况的，但中华函校并没有仅仅考虑社会的需求而就轻易地随声附和，其实，中华函校所依托的中华书局完全具备开办上述函授各科专业所必备的办学资源优势。

就近代民营出版机构的主要业务而言，出版教科书一直占有最重要的地位。中华书局出版的各级各类教科书品质优良，称誉民国教育界。在其出版的教科书种类中，尤其以英语、国文、国语、日语、商业类教科书的出版而著称，编辑质量高，发行量大，备受学界好评。以服务教育为己任的中华书局在1912年成立之际起，就始终汇聚了一大批学贯中西、知识渊博的教育界、知识界的精英人士，如文中第一部分所述，相当一部分中华函校的教职员工都是中华书局编译所的专职编辑人员，他们都是学有专长、深谙教育理论和教学规律的专家、学者；为了能把握时代和社会发展脉络，在教科书的选材、体例和语言等方面，以人为本，与时俱进。中华书局向来特别注重与文化教育界的名师、名流保持密切的沟通和交流，通过各种方式与文化教育界的名师、名流精诚合作、共同编著教科书，通过这种长期有效的沟通、交流和合作过程，中华书局与他们构建了良好的人际关系，从而使中华书局在教育界享有很高的信誉度和号召力。[37]无疑，上述中华书局所拥有的独特资源优势都为英文、国文、日语、商业科的成功开办提供了必要的前提条件，奠定了坚实的精神基础和物质基础。

在1926年至1933年期间，英文、国文本科教学体制仅分为两种办学层次，即初中、高中水平，初中层次和高中层次分别划分三个等级，上述教

学体制是非常符合当时社会历史背景的。1922年壬戌学制颁布后，虽然中学获得了较大的发展，数量上有了显著的增长，但中学的增加速度与高等教育的增加速度相比仍显缓慢。据统计，1919年至1927年民国公立大学增加了10倍，而且政府认可的私立大学也增加了2倍多，可是全国的公私立中学加起来却不到1000所，在校学生竟然还不到20万人，可见当时中学教育发展的缓慢。而在这一时期，鼓励初等教育的倾斜政策使得小学毕业生日渐增加，又由于受到五四新文化运动的影响，广大学生深切地感受到提高学识、智力及能力的重要性和紧迫性，其求知欲大幅度上升，小学毕业生渴望升入中学者日益增加，但相对数量极为有限的中学校却根本无法满足这一需求。[38]因此，在上述特殊历史背景下，中华函校对办学层次的定位和层次内级别的具体划分都是非常准确的，亦呈现出了极强的针对性。

1933年经过改制后的本科分为初（初中水平）、中（高中水平）、高（大学预科水平）三级，这种学制的调整也是紧随社会变迁和教育发展趋势的。经过20多年的发展，民国中等教育事业有了长足的进步，迈出了由精英化教育向大众化教育逐渐转变的第一步，民国政治、经济、文化水平也有了较大幅度的提升，社会工业化的程度有了进一步的发展，需要更多的较高学历层次的人才，社会民众对高中学历教育有了更大的需求，逐渐对高等学历教育也有了一定的需求。同时，这一时期也是一个特殊的战争时期，随着一·二八事变、七七事变和八·一三事变的爆发，日寇侵华规模不断扩大、程度日益加深，这就造成了大批大、中学校的青年学生辍学在家，显然，通过函授教育的方式继续完成学业是一个不错的选择，中华函校意识到了这一点，并给予特别的关注和关照。从刊登在《申报》上的招生广告可以看到这一现象，如1932年4月6日发布的广告：《国难失学青年!诸君拟自修英文吗?本社为诸君谋便利，减收学费四分之一——中华书局附设函授学校谨启》；1938年11月8日刊登的广告：《中华书局函授学校——优待失学青年、学费减收八折》；等等。

综上所述，改制后的本科学制明确指出学员入学前应具备的学历水平和文化素养，非常方便学员根据自己的实际情况，对号入座，有针对性地选择适当的专业、级别，进修深造。本科很好做到了与普通学校学制系统的统一和对接，初、中、高级学员毕业后，分别可以获得具有初中、高中、大学（预科）学历水平的单科毕业证书。改制后的本科学制，对于广大在职工作人员和失学青年而言，都能很好地满足他们多元化、多层次的需求。

鉴于英文、国文、日语科都属于语言类的专业，并且开办时间最长，最具有代表性，因此将其课程设置放在一起，做以个案的考察和审视，根据本文第一部分的阐述，可以发现具有以下共同显著特点：初级侧重于语言知识的学习兼顾一般性的语言技能；中级侧重于专门性职业语言技能的训练，兼顾语言知识和语言文化的学习，而高级侧重于语言的研究兼顾专门性职业语言技能和语言文化的训练。语言知识、技能依次从一般用途、到专门用途、再到综合用途的发展轨迹转变。从整体而言，课程的专业性、复杂性、系统性的难度是逐渐递增的。

再以商业科为例，情况也是如此。各科每一级的课程都兼顾商业知识、商业技能、商业理论三个方面，同样按照学历层次顺序，知识、技能也依次从一般用途、到专门用途、再到综合用途的发展轨迹渐进；商业理论的课程安排顺序由微观、到中观、再到宏观。

上述课程设置，遵循以业余自修为主的函授教育规律，且符合成人的认知心理特点，又充分考虑到学员群体不同需求——学习需求、职业需求和学历需求，能够最大限度地满足不同类型学员群体的差异性学习需求。

中华函校共开设两种选科专业，即英文和国文选科。根据本文的第二部分，其学制与课程设置凸显了以下特征：在综合考察学员的入学水平、职业需求和兴趣爱好的前提下，英文科选科首先分为文法、应用语文、翻译与文学三大课程组供学员选择，每一大课程组又划分为两个小课程组供学员再次选择。文法组（相当于普通科）又分为初级文法组和中级文法组，为将来升学做准备；应用语文组（相当于职业科）又分为一般社会用途应用英语组和专门用途应用英语（商务英语）组；翻译与文学组（相当于研究科）又分为翻译组和文学组。国文选科也是首先分为文法（相当于普通科）、函牍（相当于职业科）与选读（相当于研究科）三大课程组，然后再划分两个小课程组，情况与英文选科相同，在此不再赘述。

显而易见，改制后的选科更加尊重学员个体之间的差异，充分考虑其个性化学习需求，兼顾升学、就业与研究的三重需要。毫无疑问，其教学体制和课程设置充分彰显了成人教育的特质，这是中华函校取得成功的一个宝贵经验。

上述特点给出下列启示：

1.依据社会实际需求，依托本校专业资源优势，精心设置专业课程体系。首先，在认真做好市场调研工作的前提下，及时、动态地对社会所需要的人才资源类型做出科学、准确地预测和判断，然后再依托本校已具备的专业优势和办学资源优势，精心打造特色专业，合理设置专业课程体系。函授教育的特色与优势在很大程度上决定着函授教育的生存竞争力，普通高校的函授教育应该像中华函校那样，要具备强烈的品牌意识，一定要充分凭借自己的办学资源优势，办出自己的特色和风格，打造精品强势专业，"有所为而有所不为"，唯有如此，普通高校的函授教育才能提升自己的知名度，树立自己的办学品牌，形成"名牌"效应，赢得良好的社会声誉，才能有助于使自己占有更多的市场份额。

2.高校函授教育应该兼顾多形式、多层次、多规格的办学模式。借鉴中华函校做法，函授教育一定要兼顾学历教育和非学历教育两种办学形式。由于我国已经进入了高等教育大众化的历史发展阶段，因此学校要在办学层次上下功夫，具体办法是：

（1）要逐步减少专科办学层次的比重，进一步扩大本科办学层次的权重，开办第二本科学历教育，有条件的院校要争取办理研究生层次的函授教育，努力构建由专科、本科、第二本科和研究生科构成的四级学历教育体制，以更好满足社会民众对较高层次学历的需求。

（2）非学历函授教育可以借鉴中华函授学校的选科教学体制特点，依托学历函授教育的办学资源，可以开设多规格、多层次的培训班供学员选择，以满足成人学员多样化的个性需求，比如，可以开设单科强化班、职业技能班、升学辅导班等培训班。单科强化班的招生对象主要针对有研究兴趣的学员，专门系统、深入地学习某项单科或数项单科专业课程的理论知识，根据学员的入学水平、具体兴趣爱好，再分成若干个不同层次、不同类别的单科小班供学员二次选择。

职业技能班的招生对象针对有职业需求的在岗或待岗学员，根据学员的入学水平、就业趋向，再分成若干个不同层次、不同职业方向的职业技能小班供学员二次选择。需要注意的是，这种培训班的教学内容的设置要以国家职业标准为导向，与社会技能考核大纲的要求接轨，使学员通过课程模块的学习后，可以直接参加职能部门的职业资格或技能等级考试，从而更好地调动学员的学习积极性，有效提高教学质量。

升学辅导班主要针对在成人教育学制系统内有升学需求的学员，辅导学员科学有效地复习专业课程，帮助学员顺利通过高等成人教育招生考试；根据入学水平、报考专业，再分成若干个专科、本科、第二本科、研究生升学辅导小班供学员选择再次选择。

（3）借鉴中华函校的做法，鼓励毕业学员攻读高一级层次的相同专业继续深造，在招生政策上给予倾斜，并适当减免一定数额的学费，通过研究生科拉动本科，本科拉动第二本科、专科的传动作用，加大招生宣传的力度，最大限度使学校毕业学员再次转化为新的生源，从而做好专科、本科、第二本科、研究生科各办学层次的有机衔接工作。

3.中华函校的各专业本科和国文、英文选科开设了丰富、完善、系统、充满张力的课程体系，以期满足不同成人群体之差异性学习需求。综合考察中华函校在本科、选科的课程设置上的实践活动，它向我们表达了一种怎样的课程设置理念，传达了一种怎样的重要讯息，这是一种可以完全被后人察觉、捕捉到的重要昭示，那就是，函授教育的课程设置体系应该最大限度地满足不同成人群体的个性化学习需求，要富有弹性制、多样化和灵活性；在当今的时代背景下，学历教育课程体系应该是由基础课、专业基础课、专业课、选修课等构成的一套完整的相互联系、相互影响的有机体系。

对上述4种类型的课程设置，具体要求如下：

（1）基础课是每一位学生从事该专业学习必须具备的最基本的文化素质，具有广泛的适应性和相对的稳定性，应该大力抓好基础课的设置和教学，努力提高学生的平均水平。

（2）专业基础课除了要求学生掌握本专业的基本知识、技能和理论之外，还应该重视培养学生的"可持续性"学习能力，重视培养函授生的创新精神和创造能力。

（3）专业课要注意突出函授教育特色，也就是一定要使自身的专业教育适应社会文化、教育、经济的发展，并能够对文化、教育、经济的发展起到积极的促进作用，只有这样的专业教育，才会具备强大的生命力和竞争力。

（4）选修课要拓宽学生的知识面，开阔眼界，加大各种与专业相关的知识信息量的输入，提升专业理论的系统性和深入性，全面提高学生的综合素质。

4.如前所述，中华函校的各科各级的本科课程设置都鲜明地体现了较强的逻辑性和系统性，这种特点带给我们的启示是：课程设置顺序的安排既要考虑不同学历层次之间的知识、技能、理论的纵向连贯性、衔接性和递进性，还要考虑到同一学历层次之间的知识、技能、理论的横向沟通性，要使先学知识能为后学的课程奠定基础，同时又使相关学科教学内容的编排能够相互照应，相辅相成，有助于学生的理解、记忆和运用，加快学生的自学进程速度，提高自学效率。

（四）努力构建适合学员自主学习的成套系列化函授教材

中华函校为打造一套适合学员自修的系列化教材，特"敦聘各科专家以及富有教学经验之师，编辑讲义，每级多者五十册，最少亦有三十册。完全依据现社会实际之需要，材料新颖，内容充实，文字流畅易晓，注释详尽；程度均循序渐进，分量多寡适合，无过深过浅之弊"。除上述主体函授讲义外，各科各级均另编有《修学指导》，内容分三项："1.《读法及参考书》，详述修习之方法，及应用参考书之目录。2.《练习题答案》，讲义中联系问题，均拟就答案，供学员修习后，自行核对，改正错误。3.课艺及实验题，均作文十次。"[36]

需要特别指出的是，中华书局为推动国语事业运动的深入发展，在1920年8月，利用当时欧美的高科技技术成功制作了一套语言留声机片——《中华国音留声机片》，开启国人自制语言留声机片的先河。令人称赞的是，在中华函校创办后的第4年，中华书局又不失时机地在1930年3月又将这项成熟的技术引入到其从事的函授教育领域，制作了一套有声函授讲义——《中华英语留声机片》，这是民国时期国人制作的唯一一套专门针对函授教育的英语留声机片。[39]

这套机片是作为配合纸质主体函授讲义而被使用的，它的编辑特色鲜明，将语音、句型、词汇、语法和会话有机地融合在一起，注重实际操练和应用；会话的主题涉及众多的社会生活场景和职业场景，以培养学员的口头交际能力为最终目标。为便于学员有效利用这套唱片，中华书局特发行《英语留声机片课本》一册，并附带一部与之配套的工具书——《新式英华双解词典》。[40]这就从根本上解决了对学员进行系统听说能力培养的问题，弥足了纸质函授讲义的不足和缺陷，有效地改善了了自学英语的语言环境。有声函授讲义出版后，便大受各地学员的欢迎，在不到半年的时间内，就销售一空，于同年的9月份不得不再次出版发行，满足学员的急切需求。[41]

上述特点对当今高校的函授教材建设工作给出下列重要的启示：

1.函授教育不同于普通学校的教育，作为学员获取知识的主要来源——函授讲义，在很大程度上决定着函授教育的成败，因此一定要邀请长期从事该科教育教学的专家、学者精心编辑函授教材；教材的编写必须通俗易懂、讲解清晰、循序渐进、便于自学，那么教材的种类划分得越细致、越具体，就越容易做到这一点；每种函授讲义篇幅长短要适中，讲义内容要关注现实社会，理论联系实际，便于学员的实际运用。只要这样，才能从根本上提高自学效率，保证函授教育的质量。

2.教材的编写一定要在整体上，给予学员系统性地、动态性地学习方法的指导，"授人之鱼"不如"授人以渔"，只有这样才能使学员养成独立分析问题、解决问题能力的良好习惯，从而加快学习进程。注重对学员自学能力的培养是提高函授教学质量的一个重要的途径和切实可行的举措。

3.函授生不同于全日制在校学生，有丰富的图书资料可借阅，有教师可随时请教。他们分散在各地，有的在偏僻落后地区，查找资料十分困难，辅导教师更是难得，在这种学习环境下，借鉴中华函校的做法，函授教育应该建立系列化的配套教材，尽量为函授生自主学习、自主控制、自主服务提供更多的便利和创造更好的条件，从而有效地改善自学效率。

4.当今的高等函授教育一定要像中华函校那样，密切关注现代教育技术的发展动态，及时将日臻成熟完善的高科技技术——计算机网络教育技术，引入到函授教学领域，努力构建一个以文字教材为主体，面授指导与多媒体传输为辅助，因地制宜、远近并举、优势互补、灵活多变、注重实效的，适合各种学习环境下函授生自主学习的，具有中国特色和广泛服务空间的现代远程教育体系，实现传统函授教育向现代发展阶段的跨域。唯有如此，高等函授教育才能与时俱进，才会拥有广阔的发展空间。

（五）建立一套多层次、多种类的奖励机制

为鼓励学员的进取心，调动其积极性，中华函校特制定了一系列的奖励制度，主要有下列：（1）年度毕业奖金制度。每年本科毕业的各级学员都可以参加课卷评比活动，通过严格的评选后，选择每一级成绩最佳者三名给予奖金，第一名30元，第二名20元，第三名10元。[11]（2）助学金制度。修满一级，考试及格，有现金奖励。毕业而考入大学者，每年给予补助费二百元。[42]（3）奖品奖励制度。每级毕业学员成绩在第四名以下且分数在八十分以上者，酌给奖品。[28]（4）优待制度。"正科学员修毕一级时，其升级学费，特别减收；而旧学员另习其他一科者，学费亦可酌减，以示优待。又，凡学员购买本局出版之参考书，本校另给优待券"[43]。（5）保送制度。高等科毕业成绩优秀者，可以直接保送到普通大学继续深造。[44]

综上所述，这套多层次、多种类的奖励机制使获奖覆盖面更广，获奖机会更多，资助力度更强，不仅关注现在，而且还关注未来。奖励机制可以充分调动学员的学习积极性，激发学习热情，保持长久的学习动力，培养学员自主学习的毅力，这对提高函授教学的办学质量和效率尤其关键，更为重要的是，学员一旦能够形成持久的自学动力和较强的自学毅力，这会使学员终身受益。同时，在一定程度上还减轻了学员的经济压力。

这套奖励机制的构建亦是中华函校办学成功的一个重要因素，这一做法值得我们重视和反思，对当今的高等函授教育有很强的现实借鉴意义。函授教育是一种在教师指导下的以学员业余自学为主导的教育方式，如何调动其积极性、进取心并保持长久的学习动力是影响教学质量的一个非常重要的因素，在这方面上，办学单位一定要多花心思、多下功夫，很显然，构建一套多层次、多种类的奖励机制就是一个非常明智的选择。

（六）收费低廉、缴费灵活

"各科各级学费，非常低廉"，本科收费情况如下：国文科初级、中级、高级分别是：9元、12元、15元；英文科分别是：12元、16元、20元；日文科分别是：7元、9元、11元；算学科分别是：7元、9元、11元；商业科分别是：9元、12元、15元。国文选科每一课程组收费均是：6元；英文选科每一课程组收费均是：8元。缴费方式相当有弹性，可以一次性缴清，"如一时不能凑集整数，可以分期缴付，尤为轻而易举。升级学员则特别减缴，以示奖励，故本校为一般失学青年谋进修之良好机会。"[43]学费低廉、缴费方式灵活使广大来自于中下层民众接受函授教育的机会大大增加，有利于函授教育的推广和普及，当然，这最终体现了函授教育"惠而不贵"的特点。

三、历史意义

服务民国教育，开启国民智慧，一直都是中华书局的重要出版理念。直接开办函授学校正是这一理念的延伸和体现。中华函校充分凭借其丰厚的媒介资源和人才智力资源，通过这种新型的不受地域限制、突破时空藩篱的开放式教育体制不仅为广大在职人员，也为抗战期间的失学青年提供了接受继续教育、完成学业的宝贵机会，不仅弥补了学校教育资源的不足和匮乏，在一定程度上保证了抗战日期民国中、高等教育事业的可持续性发展，而且也为民国社会培养了大批中、高等专业知识+技能型复合人才，有力促进了民国现代化事业的发展。

晚清以降，中国传统教育的变革所体现出来的最本质特征，就是实用性、民主性、科学性和开放性，这也是教育近代化的基本内涵。[45]显然，相对于传统学校课堂教学模式而言，函授教育可以突破校园、教室的制约，充分利用沿海"有限"的教育资源的优势，惠及到"无限"的社会教育对象；它投资小、见效快、社会办学效益高，尤其适合像中国这样的以"后发外源型"的态势而步入现代化的国家，无疑，这种新型的教育模式顺应了中国教育现代化的发展趋势。中华函校与时俱进的办学理念、丰富多彩的办学实践活动，在一定程度上改变了国人通常选择普通学校接受教育的传统习惯，有力促进了国人传统教育价值理念的更新，推动了中国教育现代化的发展进程，在中国近代成人教育、远程教育、职业教育发展史上留下了难以磨灭的辉煌业绩。

当前，中国社会正处于由农业社会向工业社会和信息社会转变的重要时期，在这特殊的时代背景下，我国成人高等教育的发展遇到了严峻的挑战和冲击，[46]"成人高等教育向何处去"成为教育界日渐关注一个重要话题；需要引起我们注意的是，民国时期是中国近代社会变革和发展最为剧烈的一个重要历史阶段，民国社会也正在经历着由传统农业社会向近代工业社会转型的重要变革过程，与当前的时代背景有着一定的相似性，而函授教育是成人教育系统结构中的一个重要类型，因此探讨中华函校办学经历、分析其办学成功原因对预测和把握当今高等成人教育的发展趋向具有较强的现实意义和价值。追寻中华函校的16年办学历史轨迹，可以得出这样的结论：中华函校从事的函授教育是一种以学习型为主导、兼顾职业教育和学历教育的成人教育。毋庸置疑，这一结论对现今的中国成人高等教育转型理论和实践研究均有着重要的历史意义和借鉴价值。

中华书局附设函授学校取得了引人瞩目的办学效果，为后人留下了一笔丰厚的办学经验，对当今的高等函授教育具有宝贵的启发和借鉴意义，值得我们更进一步地发掘相关文献资料，持续深入研究，认真反思和总结。

参考文献：

[1]陈斌，卢勃，陈宝华. 论我国远程教育的产生及其初期发展[J]. 广东教育学院学报，2005（6）：49-50.

[2]丁伟. 民国时期（1915年—1930年）商务印书馆附设函授学社的英

文科：上[J]. 广西社会科学，2008（9）：113.

[3]上海文明书局附设函授学社商业科通告[N]. 申报，1917-03-12（2）.

[4]上海新中国印书馆附设英文函授学社招生[N]. 申报，1923-11-19（2）.

[5]开明中学讲义开始发计广告——总经理处：上海福州路开明书店总发行所；分经理处：广州、沈阳、北平、汉口开明书店分店[N]. 申报，1932-04-14（4）.

[6]上海市教育局登记私立世界书局英文函授学校招生[N]. 申报，1935-02-23（6）.

[7]上海市教育局核准设立——大东书局附设上海市私立大东书局函授学校招收文书科、日文科学员[N]. 申报，1936-05-26（2）.

[8]上海市教育局备案——大东书局附设上海私立大东法律函授学校——廿五年度七月份起厘定校章，招收新学员一千人[N]. 申报，1936-07-24（4）.

[9]履冰. 函授是教育社会化的实践和基础[J]. 文化通讯，1948（3）：8.

[10]孙素梅，王晓东，温泉. 成人教育面临的新形势及对策探求[J]. 中国成人教育，2007（23）：11.

[11]中华书局附设函授学校先开办英文科初等三级、高等三级[J].中华教育界，1926，16（3）：书前黑白插页.

[12]中华书局附设函授学校英文函授讲义——开办伊始，减收半费[J]. 中华教育界，1926，16（4）：书前黑白插页.

[13]自修英文之好机会——中华书局附设函授学校英文科六级全开[J]. 中华教育界，1926，16（7）：书前黑白插页.

[14]中华书局附设函授学校英文科[J].中华教育界，1930，18（2）：书前黑白插页.

[15]如何自习英文——中华书局附设函授学社先开办英文科初等三级、高等三级[N]. 申报，1926-09-13（3）.

[16]中华书局附设函授学校英文科六级全开[N]. 申报，1928-10-16（4）.

[17]顾卫星，孙倚娜. 东吴英语名师文化研究——以"近代中国英语界教学界之大师"吴献书为例[J]. 苏州大学学报（哲学社会科学版），2010（1）：118.

[18]张正东. 中国外语教学法理论与流派[M]. 北京：科学出版社，2000：107.

[19]上海市教育局备案私立中华书局函授学校招收学员[N]．申报，1935-03-10（4）．

[20]奖励升学、减收学费——上海市教育局登记私立中华书局函授学校招收学员[N]．申报，1935-11-02（4）．

[21]上海市教育局登记私立中华书局函授学校招收学员——添设日文科[N]．申报，1936-05-01（4）．

[22]上海市教育局登记私立中华书局函授学校招收学员——原设国文科、英文科、日文科，再添设算学科[N]．申报，1936-06-26（2）．

[23]上海市教育局登记私立中华书局函授学校招收学员——原设国文科、英文科、日文科、算学科，现再添设商业科[N]．申报，1936-08-28（4）．

[24]上海市教育局登记私立中华书局附设函授学校招收学员——国文、英文添办选科[N]．申报，1937-04-25（7）．

[25]上海市教育局登记中华书局函授学校添设书法科——招收学员[N]．申报，1939-03-11（1）．

[26]上海市教育局登记中华书局函授学校添设书法科——本校征集评奖课卷启事[N]．申报，1939-03-11（1）．

[27]现款奖金六百元——中华书局函授学校英文科第一届奖案揭晓[N]．申报，1929-11-01（5）．

[28]上海教育局备案私立中华书局函授学校招收学员——奖学金[N]．申报，1935-03-10（4）．

[29]中华书局函授学校本年度评奖揭晓[N]．申报，1936-08-28（4）．

[30]私立中华书局函授学校民国二十八年评奖课卷给奖揭晓[N]．申报，1939-07-17（5）．

[31]中华书局消息一束[J]．出版月刊，1937（1）：20．

[32]上海市教育局登记私立中华书局函授学校招收学员[N]．申报，1936-03-04（4）．

[33]杜志全，许建国．函授教育学[M]．北京：光明日报出版社，1988：3．

[34]祝捷．成人教育概论[M]．沈阳：东北大学出版社，2006：113-114．

[35]上海市教育局备案私立中华书局函授学校招收学员——国文科、英文科[N]．申报，1935-03-10（4）．

[36]上海市教育局登记私立中华书局函授学校招收学员——已开办国

文、英文两科——有志深造及中途失学诸君，请即报名入学[N]. 申报，1936-02-23（1）.

[37]周其厚. 中华书局与近代文化[M]. 北京：中华书局，2007：101-135.

[38]谢长发. 中国中学教育史[M]. 太原：山西出版集团，山西教育出版社，2000：97-101.

[39]丁伟. 中国最早的一套语言留声机片——中华书局出版的《中华国音留声机片》[J]. 编辑之友，2011（9）：109-110.

[40]有声函授讲义——学习英文之唯一良机：中华英语留声机片[N]. 申报，1930-03-10（1）.

[41]中华书局——中华英语留声机片初版售完多日，再版已出来了[N]. 申报，1930-09-21（5）.

[42]中华英文函授讲义共六级——中华书局发行[N]. 申报，1930-10-21（4）.

[43]就业勿忘进修——上海市教育局私立中华书局函授学员招收学员，校长舒新城先生[N]. 申报，1937-06-05（2）.

[44]中华书局附设函授学校英文科[N]. 申报，1931-03-08（4）.

[45]田正平. 总前言[M]∥田正平. 留学生与中国教育近代化. 广州：广东教育出版社，1996：11.

[46]余小波. 中国成人高等教育转型研究[M]. 长沙：湖南大学出版社，2010：1-6.

（原文载《兰州学刊》，CSSCI来源刊，2012年第7期）

从《申报》看开明函授
学校的办学特点及其启示

摘要： 开明函授学校在中国近代远程教育史上占据着非常重要的位置，但是，由于史料所限，研究成果至今仍然匮乏。根据新发现的《申报》对开明函授学校办学情况的记载，较为详细地阐释和探讨了其办学宗旨、函授教育体制、奖励机制、函授讲义编写、发行特点、电子媒介的使用情况以及其办学特点，这些办学特点对当今的高等函授教育及高等成人教育事业都有着重要的启发和借鉴意义。

关键词：《申报》；开明函授；办学特点；启示

一、引言

我国远程教育起源于19世纪末期。私立专门函授学校兴办的术科函授教育、在华外国教会学校开办的函授教育和官方从事的华侨、师范函授教育事业，是我国早期远程教育发展的3个重要组成部分。其中，近代民营出版机构，凭借自身雄厚的人才智力资源、丰厚的纸质媒介资源优势，兴办的术科函授教育格外引人瞩目。商务印书馆于1915年3月创办国人自办的第一家专门函授学校，首先开办英文一科，正式拉开了近代函授教育的序幕。[1]113此后，文明书局、上海新中国印书馆、中华书局、开明书店、世界书局、大东书局先后创办了颇具特色的函授学校，至此，近代民营出版机构开办的函授学校俨然已成为当时一支非常重要的函授教育办学力量。[1]62

在上述的函授学校中，商务、中华、大东及开明书店创办的函授学校均"有着显著的成绩和光荣的历史"[3]，取得了很好的办学效果和社会效益，在中国早期远程教育史上占据着极其重要的位置。很显然，倘若把近代民营出版机构从事的函授教育事业做专题研究，不仅具有较高的学术价值，而且亦不乏较强的现实意义。截至目前，学界对于商务印书馆附设函授学社和中华书局附设函授学校的办学情况给予了较高的关注，已有数篇学术论文问世，对其办学实践活动进行了较为详细的探讨，受篇幅所限，

下篇 函授教学专题研究

恕在此不一一赘述。

但是，对于大东和开明书店所创办的函授学校，学界却关注不够。对于大东书局函授学校的研究，未见有任何相关论文或著作进行专门探讨。根据目前已经掌握的文献资料，未见有任何相关著作对开明函授学校进行专论；截至目前，登录中国知网查询，也没有发现硕博论文对其进行专门研究；仅发现张东副研究员所撰写的《民国时期上海开明函授学校始末》一篇论文，刊登在2009年第5期的《浙江教育学院学报》。此篇论文所依据的史料主要来自于以下文献，其一，叶至善所著的《重印〈开明国文讲义〉后记》一文；其二，章克标所著的《开明函授学校简述》一文。上述两篇文章均属于回忆录性质的撰述类史料，这种类别史料的原始性、精确性、完整性、系统性都还远远不够。

尽管上述专门探讨开明函授学校的论文，及其所依据的史料对开明函授学校的办学活动轨迹作以整体性、概况性地介绍和探讨，具有较高的学术价值和史料价值，但由于史料所限，这篇论文对开明函授学校的历史沿革、办学宗旨、函授教育体制、奖励机制、函授讲义编写、发行特点及电子媒介使用情况等，均未提及，当然也没有较为详细的探讨。

需要特别指出的是，开明函授学校办学特色鲜明，具有不同于其他函授学校最为显著的特点："科目完备。用通信方法教授中学全部科目，与其他函授学校专授一种科目者不同"[4]。仅仅从这一点而言，开明函授学校已具备进行个案研究的价值。

很显然，由于受制于已有的文献资料，这就在一定程度上造成了后人很难对开明函授学校的办学历史轨迹做出一个较为全面、相对客观的审视和评价，而最近发现的刊登于《申报》的相关开明函授学校的招生广告和通告，在很大程度上弥补了上述不足和缺陷，现将新发现的史料一一公布和解读，从而可以更好地构建、再现和理解这一重要的历史图景。

二、开明函授学校办学特点及其启示

（一）从《申报》对开明函授学校历史沿革的记载看其办学宗旨及其启示

1932年4月14日，开明书店在《申报》上刊登了开明函授学校的创办历史背景和创办时间，其详情如下：

　　本讲义社由开明书店创办，特聘富有中学教学经验之各科专家，依中学课程标准，编成浅明易解之讲义，使有志上进之失学青年得于职务余暇，修得中学程度之全部知识，并使在校就学者亦得课外修业，补益校课之机会。筹备迄今已逾一年之计，兹国难期内，失学者骤形增多，爰于本年五月开始发行讲义，并于七月以前特别减低社费，征求社员。[4]

紧接着，1932年4月30日，开明书店在《申报》上又发布了相关的招生广告，广告内容如下：

失学的原因何在？1.求学的经济苦难；2.入学的资格不备；3.就学的年龄已过；4.现有相当的职业；5.学校因战事停开。开明中学讲义社可替你解决种种困难，有志上进，请速报名入社。本社系开明书店创办，专为未能入中学校的青年谋就学的便利。[5]

一年后，开明书店于1933年7月1日在《申报》上发布了一个非常重要的招生广告——《上海市私立开明函授学校招收学员通告》："本校原名开明中学讲义社，现遵上海市教育局令，改称今名，并蒙准于登记。"[6]

根据上述三个招生广告，可以断定，开明书店早在1931年4月前后，已经开始筹备创办开明中学讲义社。由于正逢国难期间，失学青年人数骤然增多，在此特殊历史背下，开明中学讲义社于1932年4月正式组建，决定于1932年5月开始发行讲义，面向社会招收社员。后来，按照上海市教育局的要求，开明中学讲义社在1933年7月改名为开明函授学校。上述发现的新史料充分说明了早在1931年期间开明函授学校就已经开始筹备组建，其前身应该是成立于1932年4月的开明中学讲义社，而不是已发现的史料所记载的，一开始就命名为开明函授学校，直到1933年7月，开明中学讲义社才正式更名为开明函授学校。1934年冬季，由于学员数急速增加，学校缺乏足够的教学管理人员，导致各项工作处于迟滞状态。在妥善安置好学员之后，为了保证教学质量，开明函授学校不得不宣布停办[7]。这样算来，开明函授学校至少存在了两年半的时间，而不是已发现的史料所记载的一年半的时间，这就很好地弥补了以前已发现史料的不足和缺陷。

为了更好阐释开明函授学校的办学宗旨，在此很有必要公布一下它所编写的所有函授讲义中都具有的一个共同特点："用通信方法教授中学全部科目，并于必修课外就社会实际需要科目，另请专家编成课外讲义十八种，与其他函授学校专授一种科目者不同。"[8]上述18种函授讲义即涵盖了中学所有科目，又添加了社会实际需要的课程内容。由此可见，开明函授学校既重视普通中学的教育内容，但也没有忽略社会上所需要的职业教育。

综上所述，不难断定，开明函授学校的办学定位和方向十分明确，很好地坚持了以下两个原则：其一，密切关注时代背景的发展变迁，符合社会发展的实际需要；其二，考察社会成员群体的实际需求，以满足某一特定的社会成员群体自身学习的实际需求为中心，同时也关注学员的学历需求和职业需求。显而易见，开明函授学校的办学宗旨是：以满足社会成员群体的学习需求为主导，兼顾学历需求和职业需求。

当前，我国社会正处于由农业社会向工业社会和信息社会的转型，由计划经济向市场经济深入转型的双重转变的关键时期。而高等教育大众化和国际化的发展潮流势不可挡，其发展程度日益加深。在这特殊的时代背景下，我国成人高等教育事业遭遇重创，究竟应该如何开办高等成人教育已经成为社会各界关注和讨论的一个重要话题。值得注意的是，民国时期亦是中国近代社会产生嬗变最为激烈的一个重要历史阶段，也正经历着由传统农业社会向近代工业社会、由自给自足的小农封建经济向资本主义市场经济双重转型的重要变革过程，显然，与当今的时代背景有着一定程度的相似性。而开明函授学校的正常运转之际正是我国函授教育的早期发轫时期，函授教育又是成人教育系统结构中的一个重要类型，因此，开明函授学校的办学宗旨对当今的成人高等教育具有下列重要启示：开明函授学校从事的函授教育是一种以学习型为主导、兼顾学历教育和职业教育的成人教育。

（二）从《申报》看其函授教育体制及其启示

开明函授学校的函授教育体制可谓特色鲜明，独树一帜。它的学员首先可以分为两大类，非正式函授学员和正式函授学员。所谓非正式函授学员指的是："本社讲义除分配社员及预定全份者外，概不零售"[9]。由于函授讲义不对外公开发行和出售，只要一次性交纳购买所有函授讲义的预定金12元，不须交纳入社（入校）费用，便可按时获得由开明函授学校陆续邮寄过来的函授讲义，完全借助函授讲义，学习知识，形成技能；没有辅导、没有考试、没有证书，完全是一种开放式的自主学习，以满足自身学习的需要。

所谓正式函授学员又被分为两种类型，其中一种是：根据个人的实际情况，只需要一次性交纳18元报名费（可以分期交纳，但费用稍高），便可成为正式学员，享有获得所有函授讲义的权利，主要依赖自学完成学业；除了不参加辅导答疑教学环节之外，学员可以参加每6个月举行的一次考试，成绩合格被授予相关成绩证书。完成学业共计18个月的时间，每一个月可以获得 1 册函授讲义，每一个学习阶段为 6 个月，共计 3 个阶段，需要参加 3 次考试；循序渐进，经过每一个 6 个月阶段的函授学习，学员的知识、技能水平依次分别相当于普通中学的初中一、二、三年级的水平，通过 3 次考核的函授学员最终可以获得相当于普通初级中学程度的毕业文凭。需要特别指出的是，学员经历过前一个阶段的学习之后，通过考试，获得相关成绩证书之后，即使中断学业，只要在有限的期限之内，也可以向学校申请继续完成学业，考试合格获得毕业文凭。

另外一种是：不仅需要一次性交纳18元的报名费（可以分期交纳，但费用稍高），而且还须每月交纳作业批答费 1 元 2 角（也可以一次性交纳18元），不仅可以分期获得所有函授讲义，而且可以分期收到学校邮寄的配套自习册一种，"按月印发，册内备载各种练习题。社员写寄完毕，得送由讲师批改，并解答疑义"[7]。通过互通信函的方式，在教师的精心辅导下，顺利完成学业。至于其他的权利和资格，与上述的第一种学员所具有的完全相同。

由此可见，开明函授学校的办学体制兼顾学历教育和非学历教育，即使是学历教育也没有搞"一刀切"，而是分阶段进行；可以中断，也可以继续，注意做好分阶段的教学管理"衔接"工作，使学历教育与非学历教育之间保持良好的互动、沟通和转化。不仅如此，学员还可以根据个人的实际情况，选择去接受具备何种教学环节的函授教育。上述措施的实施可以激发成人学员的求知欲望，调动其学习积极性，帮助他们克服困难和阻力，有利于学员顺利完成学业。

其中非学历教育对象——非正式函授学员，可以面对地处广大中西部的更加广泛的社会群体，实施的是一种纯粹的、完全的，更加开放的函授教育方式。这种类型的函授教育方式无论是对于初办之际的开明函授学校自身的发展，还是对当时处于发端时期的中国函授教育事业的发展，都具有重要的推动作用。具体而言，其一，数量众多的非正式函授学员在初步接触过函授讲义之后，很有可能转变为正式函授学员，他们是一大批"潜在"的生源资源，在一定程度上可以保证开明函授学校拥有数量充足的生源。就在开明函授学校创办后不久，后来发生的事情证明了这一点："近来叠接来函，有分期缴纳社员，要求改为一次缴足者，有定阅人要求改为社员者，用再订定办法……"[9]。

其二，散居于中国各地的非正式函授学员本身就是一位可信度较高的"活广告"和宣传员。在当时电子媒介相当匮乏的时代背景下，"人传人"广告模式的传播速度快、周期短、成本低、范围广，其产生的传播力量、传播效应都是非常巨大的。通过这种宣传方式，可以迅速扩大函授学校的社会影响力，大力提升其办学知名度和信誉度，有利于函授学校创造良好的社会效益和经济效益。

其三，可以向民众大力宣传和介绍这种新型的从西方引进的不受职业限制、打破时空藩篱的开放式教育体制，仅仅通过阅读这种不同于普通学校所使用的教科书——精心编制的函授讲义，使一般民众受益匪浅，可以有效提高中国民众对这种新型开放式教育体制的感受、认知和接受程度，从而有助于函授教育在中国的推广和普及。

就在同一时期，办学效果同样显著的商务印书馆函授学校[1]113-115和中华书局函授学校[2]67-69也兼顾了多层次、多种类的"本科"（学历教育）和"选科"（非学历教育）函授教育体制，但是其所有的学员都必须报名入校后，才有资格获得相关的函授讲义（函授讲义只对已经报名入校的学员发放）；而且所有的函授学员都必须参加所有的函授教学环节后，才可以获得相应的证书。很显然，与上述两所函授学校相比，开明函授学校的教育体制呈现出了更加灵活多变、富有弹性和伸缩性的显著特点。函授学校的教学对象往往是以在职的成人教育为主体，那么，成人教育对象的差异性远远大于一致性，主要存在年龄差异、职业差异、学习目的差异、个性差异（包括知识、技能、经验、智力、兴趣等）。[10]113-114很显然，开明函授学校的教育体制，充分彰显了成人教育的一个重要特质。

上述特点给出下列重要启示：当今的高等函授教育应该充分综合考虑广大社会成人群体在兴趣爱好、学历需求、职业需求、经济状况、知识水平、自学能力、自控能力、学习时间、适应能力、发展方向、就业趋向等多维度、多层面存在的个体差异，尊重个体差异、允许个体差异，努力构建一套由多层次、多形式、多种类、多规格的学历教育和非学历教育组成的、以学习型为主导的兼顾学员职业需求和学历需求的函授教育体系，最大限度地满足不同成人群体的多元化、个性化需求，以期更好地服务于民众和社会，完善终身教育体系，推进学习型社会建设。

（三）从《申报》看其奖励机制及其启示

民国时期，民营出版机构开办的函授学校通常已经具备了入学、自学、辅导、答疑、作业批改、奖励、毕业考核等重要的函授教学环节，这些教学环节有机地联系起来，构成了一个较为完整的教学过程。可以这么说，一所函授学校是否具备较为完整的函授教学环节，在很大程度上将会直接影响函授教育的效率和质量。显而易见，探讨一所函授学校的奖励制度，对于全面了解这所函授学校的正常运转活动轨迹具有非常重要的价值。

根据《申报》的记载，开明函授学校构建了一套较为规范的、多元化的奖励机制，其详情如下：

1.学业成绩奖金制度。办学之初，每三个月对学员学业成绩进行评奖一次，"奖励优厚。每三个月发表成绩一次，对于优良者给予奖励。第一名现金三十元，第二名二十元，第三名十元，以下酌给奖品"[4]。到1932年7月25日，由每三个月改为"每六个月发表成绩一次"，具体奖励规则没有任何变化。[7]

2.学业成绩奖品制度。除了前3名分别可以获得30元、20元和10元的现金奖励之外，从第4名到第15名，共计12人可以分别获得价值两元的书券奖励；从第16名到39名，共计24人可以分别获得一年的《中学生杂志》的奖品奖励；从第40名到第48名，共计9人可以分别获得开明文稿一本和字筏一本的奖品奖励；从第49名到59名，共计11人可以分别获得一本A字稿纸的奖品奖励。[11]

3.赠品奖励制度。主要包括以下两种规定：第一种规定是通常在每年的7—8月期间，向所有报名入社的新学员赠送购买书籍、留声机片所使用的优待券。举例说明如下：在邮寄给新学员的函授讲义中"附送（中学各科学习法）优待券一纸，此书原价壹元，凭券向上海四马路开明书店总发行所购买，祗收大洋五角，非社员概不赠送"[9]；"期内缴费入学，附送开明正音片优待券（定价十二元，凭券祗售九元）及中国模范地图优待券（定价二元五角，凭券祗售一元）各一纸"[11]。第二种规定是定期向所有函授学员（包括正式函授学员和非正式函授学员）免费赠送函授辅导刊物《学员俱乐部》一份，只需要"函索每期，附邮一角"即可。[12]此刊物每三个月出版一册，主要目的是为了便于学员之间联络感情和交流知识。[13]248很清楚，上述所有赠品都会有助于推动学员的自主学习进程，辅助他们顺利完成学业。

4.减收学费制度。开明函授学校在每年的7—8月期间，为鼓励更多的社会民众加入函授学校，规定减收一定数额的学费，其具体"办法：一次缴足学费，原定十八元，期内祇收十五元；分期缴费，原定第一次六元，期内只收四元。"[6]这种定期减收学费制度可以吸引更多的社会民众早日报名入校，接受函授教育。

由上述可知，在开明函授学校每隔 6 个月举行一次的学业成绩评比活动中，多达59人的函授学员都有机会获得现金资助和奖品奖励，其获奖范围之广，获奖概率之高，获奖人数之多，奖励力度之大不言而喻的。开明函授学校构建的这样一套奖励机制，不仅彰显了近代民营出版机构的"以辅助教育为己任"的出版教育理念，而且也很好诠释了开明函授学校取得办学成功的一个重要原因，那就是，这套多元化、多层次、多种类的奖励制度对于非正式函授学员而言，无疑具有相当大的吸引力，可以促使他们报名入学，转为正式学员；而且还可以有效地调动在读学员的上进心，激发其学习热情和持久的学习动力，强化自主学习毅力；完成本阶段的学业之后，主动转入下一个阶段的课程学习，坚持到最后，最终获得毕业证书。更为重要的是，学员一旦形成较强的自学能力，养成良好的自学习惯，将会受益终身。同时，在一定程度上也可以缓解函授学员的经济压力，有利于完成学业。诚然，这也是开明函授学校办学成功的一个重要因素。

纵观当今的高等院校从事的函授教育工作，根据我们所掌握的信息，很少有学校像开明函授学校那样，构建一套较为完善的物质奖励机制，往往都是以精神奖励为主，而且也多流于形式，没有认真执行，忽略了奖励环节在函授教学管理过程中所起到的重要作用。由于函授教育是一种在教师有效指导下的、以学员业余自学为主导的远程教育方式，因此，如何借助外界的物质力量和精神力量，不断调动学员的进取心并使其保持长久的学习动力，最终使学员养成良好的自学习惯，这是办学单位必须要慎重思考、精心论证、勇于面对的一个重要课题。很显然，努力构建一套多层次、多种类的奖励机制是一个相当不错的选择，这种选择符合函授教学规律。开明函授学校通过自身的教学实践活动对此做出了较好的诠释。

（四）从《申报》看其函授讲义的编写、发行特点及其启示

开明函授学校组织文化教育界的名家精心编写了一整套具有初中程度的各科函授讲义，其编辑风格特色鲜明，讲义内容十分翔实，备受广大函授学员的欢迎和好评，但是已发现的史料和已有的研究成果，只是对其进行概括性介绍，语焉不详，而开明函授学校于1935年5月发布在《申报》上的广告——《开明书店新书（二十四年春季出版）——开明函授学校讲义五

种》，对其中 5 种函授讲义的编写特点留下了非常详细的记录，具有相当高的史料价值，其详情如下：

开明国文讲义——夏丏尊、叶圣陶、宋云彬、陈望道编，全书三册、每册八角。本书第一二两册，重在文章的类别和写作的技术；第三册重在文学史的了解。每篇选文后，附有[解题]、[作者传略]及[语释]。在第一、二两册里，每隔四篇选文有一篇[文话]，用谈话式的体裁述说关于文章的写作跟欣赏的种种项目；又有一篇关于文法的讲话；文法完了之后，接着讲修辞。后面更附有练习题目，供读者自己去演习。在第三册里，每隔三篇选文有一篇[文学史话]，详细叙述时代跟社会的背景，使读者明白文学演变的所以然。采作自修之用，最为相宜。

开明图画讲义——丰子恺编，每册六角。图画是技术的学科，不能全凭理论而学得，技术也不能全用言语文字来说明。丰先生上海国内有名的艺术专家，且又富于教学的经验，其讲述自然更能使人领悟了。读者读了本书，可以得到一种正当的方针和必要的知识，因而作技术之修进。因为本书讲述的对手为初中学生，故宜于用作初中图画科的教本；因为讲述的对手为独习者，故又可作为自习图画者之参考。

开明中国历史讲义——王钟麟、宋云彬合编，上下二册，每册六角。全书分七十八讲，从太古神话传说起到最近[一二八]之役止。把五千年来朝廷的递嬗，民族的融合，疆土的开拓，文化的演进，社会状况，政治制度，学术思想的变迁，外交局势的转移等，作扼要叙述。于正文外附以极详细的注释，极便自修，手此一册，不啻面对良师。中学生用作课外读物，最为相宜。

开明音乐讲义——丰子恺编，每册四角。本书分十讲，凡是普通的音乐知识均有十分详明的讲述。读者可以把这些知识作为基础，从而进修音乐之技术。故不仅可以用作初中音乐之教本，且亦可作为爱好音乐者自修研究之门径书。

开明英文讲义——林语堂、林幽编，全书三册，每册八角。本书适合初中程度学生英语自修之用，故课文材料，不厌求详。内容包括商业上及社交上的会话、请帖、信札，及欧美神话、寓言、故事、科学常识、西人观念型等。除生字详加注音释义外，凡发音、书法、成句成段的语音、文法、字之用法以及外人之风俗习惯，均有详细说明。一至十课专讲发音、书法，十一课至百三十五课，各句皆附译文；每课另辟[讲义]一段，可作理解课文之助。[14]

综上所述，可以发现，开明函授学校编著的函授讲义具有以下几个鲜明的特点：其一，特别注重学科相关背景知识的介绍和讲解，以便学员更好地从整体上加深对学科知识的理解、掌握和运用。其二，文字表达通俗易懂、深入浅出、便于理解和阅读。其三，函授讲义中附带大量极为详细的注释，主要针对难点和疑点；在讲解的过程中，大量引用翔实的文献资料，举例丰富，能够做到理论联系实际，讲练结合，并且讲解方法多用归纳法。其四，自始至终，函授讲义内容的编排严格遵循了由简单到复杂、由具体到抽象、由知识到技能这样一个符合学员认知规律的逻辑顺序。

上述函授讲义呈现出的鲜明特点对于保证函授教育的质量至关重要。因为，函授教育是不同于普通学校教育的一种开放式教育形式，它是在教师有效地指导下，以学员自学为主，集中面授为辅，并有完整教学环节的一种远距离教育形式。[15]3整体而言，中国早期的远程教育基本上都缺乏集中面授的教学环节。在当时电子媒介极度匮乏的时代背景下，教学活动大都是借助纸质媒介（函授讲义）来完成的，而作为学员获取知识的主要来源是函授讲义，讲义在很大程度上决定着函授教育的成败。上述函授讲义所反映的显著特点都充分说明，开明函授学校编著的这套函授讲义是一套适合学员自主学习、自主掌控、自主支配的高质量的函授教材。显然，这套编写特色鲜明、质量上乘的主体函授教材是开明函授学校办学成功的一个非常重要的因素。

上述编著函授讲义的作者群体所具备的多元化的身份特征，尤其引人瞩目。众所周知，首先，他们的第一个身份特征是：夏丏尊、叶圣陶、陈望道三位先生都是民国文化教育界公认的声望显赫的文学家、作家，宋云彬先生是学术造诣极高的文史学家和作家，王钟麟先生亦是著名的文史学家，丰子恺先生是享誉学界的艺术家，林语堂是集语言学和文学、作家、翻译家于一身的大师级人物，林幽先生是著名的外语专家、翻译专家。其次，他们的第二个身份特征是：在编著函授讲义之前，上述诸位先生都曾经长期在民国较有名气的中等学校担任教员，从事在其研究领域内的学科教学工作。深谙教育教学规律，积累了丰富的教学经验，他们亦是从事该科教学工作的教学专家。最后，他们的第三个身份特征是：在编著函授讲义之前，都曾经有过专职或兼职在出版社担任编辑的工作经历，具备较为宽广的知识结构和较高的综合文化修养。他们曾经编写过数量颇丰的中小学教科书、教学参考资料，一经出版，便受到民国文化教育界的欢迎和好评，他们都是资深编辑或编辑出版家。[16]97-98

上述作者群体绝对称得上超豪华阵容，可见开明函授学校对函授讲义编写的高度重视。很显然，这支超一流的编写队伍所具备的"三重"身份特征，使他们完全有可能把其精通的专业知识、专业技能，所掌握的学科教育教学规律，所拥有的编辑教科书的丰富经验，巧妙地融合在一起，物化于函授讲义之中，从而打造出一整套符合函授教育教学规律的精品函授讲义。

我有幸在旧书市场购得对外公开发行出版的《开明英文讲义（第一册）》和《开明几何讲义》两本函授教材，仔细阅读其讲义内容，可以发现其编著特色与前述我们所阐述的特点完全一致。《开明英文讲义》于1935年3月公开发行第1版，到了1948年1月，公开发行第12版；《开明几何讲义》于1935年10月公开发行第1版，到了1949年1月，公开发行第7版。这套函授讲义多次再版重印，风靡民国数十年，由此可见其编纂质量之高、销量之大、受欢迎程度之强、持续时间之长、流传范围之广、受惠对象之多，堪称中国近代函授教材出版史上的一个奇迹。

在此还需特别指出的是，这套高质量的开明函授讲义的发行特点也格外引人瞩目。它不像商务印书馆函授学校、中华函授学校那样，在学校停办之后，其组织编写的函授讲义亦随之停止发行工作。虽然开明函授学校在1934年冬季宣布停办，但它组织专家名流所编著的一整套函授讲义，并没有随着函授学校的关闭而停止发行工作，适得其反，这套函授讲义于1935年春季期间，反而集结成书，由开明出版社公开对外发行出版，面向更为广泛的社会教育对象，惠泽到更多的社会民众。这种学校停办，讲义照旧发行的处理方式，使得开明函授学校讲义可以继续发挥着函授教材所具有的独特社会教育功能，可以说在一定程度上，延长了其办学生涯，延续了其办学影响力，为推动函授教育事业在民国社会的持续发展做出了重要的贡献。

这套函授讲义的编写、发行具有以下启示：

1.由于函授教材既是教师备课、讲课、辅导答疑的重要依据之一，又是学员获取知识的重要源泉之一，因此，高等院校一定要高度重视函授教材的建设工作，把其作为一项长期的系统工程，常抓不懈，持之以恒。应该邀请校内外知名专家学者共同编著函授教材，就像开明函授讲义编纂者群体所具备的若干特点那样。同时负责编写函授教材的作者群体，不仅是长期从事该学科研究的著名专家学者，而且也是长期从事该学科教育教学工作的专家学者，并且还要拥有丰富的编写大、中学教科书的编辑经验；只有这样，才能从源头上把好编写函授教材的第一关，才能为成功编写一套高质量的函授教材提供必需的人才智力资源和技术支撑。

2.高等院校组织众多专家名人，精心编著的函授教材一定要能够鲜明地体现出函授教育的特点，符合函授教育规律，以学员为中心、充分满足学员的自学需要。唯有如此，才能使函授教材真正成为辅导教师的得力帮手、函授学员的良师益友，才能把函授教材的独特教育功能发挥得淋漓尽致，才能从根本上提高自学效率，保证函授教育的质量。

3.由众多名家联袂、倾力打造的精品函授教材，在经过几届函授学员的试用以后，如果取得了良好的教学效果，获得了大部分学员的好评，在充分征求广大师生意见的前提下，高等院校应该不断对函授教材进行修改和完善；然后，模仿开明函授学校的做法，及时将这套日臻成熟、完善的函授教材推向图书市场，面向更为广泛的社会教育对象，让更多的民众从中受益。这种做法既可以产生良好的品牌效应，又能够扩大办学影响力，提高办学知名度，创造更好的社会效益和经济效益。

（五）从《申报》看其使用电子媒介的情况及其启示

值得注意的是，《申报》对开明函授学校使用电子媒介的情况也留下了相当宝贵的记载。在此需要做出交代的是，中华书局为推动国语事业运动的深入发展，在1920年8月，利用当时欧美的高科技技术，成功制作了中国第一套语言留声机片——《中华国音留声机片》，这就为以后国人将这种新兴的电子教育媒介引入到函授教育领域奠定了坚实基础。六年之后，也就是在1926年4月，商务印书馆成功发行了一套《英文留声机片》及配套教材。[17]它是专门为了辅助商务印书馆附设函授学社的英语函授教育事业的发展，量体裁衣而特意制作的[18]，开启了中国早期远程教育使用电子媒介的先河。开明书店不甘示弱，紧随其后。为了解决学员发音之困难，辅助学员更好地学习纸质英文函授讲义，开明书店也特意利用这项较为成熟的高科技技术，制作了一套权威的、经典的《开明英语正音片》，于1933年1月公开发行。这套英语正音片由当时世界英语语音学权威琼斯教授（D. Jones），英国伦敦大学语音学系主任发音，由风靡一时、备受教育界推崇的《开明英文读本》的编著者林语堂博士编辑配套的英语正音片课本，并由美国亚尔西爱胜利公司（RCA Victor）灌音制片。这套英语正音片共包括英语[元音][辅音][音变][连音][声调][连读]和[会话]在内的 7 部分构成。全套4张，共计8课；每套售实洋13元，发行伊始特价10元，赠课本及林语堂著《英文学习法》各1册，单购课本，每册 1 角。[19-20]

为了更好地把这套权威的英语正音片推向广大函授学员，开明函授学校特意向全体函授学员赠送开明英语正音片优待券；学员凭优待券，只需付款 9 元即可购得一套。[21]这套高质量的英语正音片为全国各地的学员学习、模仿、掌握和运用标准的英式发音范式提供了极大地帮助，这就从根本上解决了对学员进行系统听说能力培养的问题，弥补了纸质函授讲义的不足，并有效降低了缺乏集中面授教学环节给英语教学所带来的负面影响。当然，也在一定程度上改善了学员自学英语的语言环境。著名语言学家赵元任先生总结出一条经受住时间考验的用于学习语言的真理，"目见不如耳闻，耳闻不如口读"[22]，其教学效果之显著可想而知。

开明函授学校亦是最早将语言留声机片引入到函授教育领域内的、为数不多的专门函授学校之一，这在中国早期远程教育的发展历程中，具有重大的历史意义。毫无疑问，开明函授学校在函授教育中使用电子媒介辅助学员自修的做法也是其取得显著教学效果的一个不可忽视的重要原因。开明函授学校的这一做法对当今的高等函授教育具有下列重要启示：一定要密切关注和追踪国内外现代教育技术的发展趋向，及时将日益成熟完善的高科技技术，比如，计算机网络、电视网络、手机网络等技术，推广到函授教学领域，努力打造一个以文字教材为主体，面授辅导与多媒体传输为辅助，适合各种学习环境下函授生自主学习、自主调控的，符合我国国情的、拥有广泛服务空间的现代远程教育体系，大力推动传统函授教育向现代发展阶段的跨域进程。只有这样，我国的高等函授教育事业才能实现自身的可持续发展。

三、结语与历史意义

综上所述，开明函授学校从事的函授教育实践活动有效地调动了学员的学习积极性和上进心，培养和提升了其自主学习意识与自主学习能力，使学员能够开展主动学习、独立学习和效率学习，帮助他们加快学习进程，从而帮助他们顺利完成学业。开明函授学校仅开办一年多的时间，学校规模便迅速扩大，根据在1934年公布的《上海市核准登记私立函授学校统计表》的记载，其在读"学生数"和"教职员数"竟然一跃位居上海一地的私立函授学校之首位。[23]79-80仅仅从上述两个层面来审视和衡量，开明函授学校所取得的显著办学效果便可从中窥豹一斑了。

晚清以降，中国传统教育的变革所体现出来的最本质特征，就是实用性、民主性、科学性和开放性，这也是教育近代化的基本内涵。[24]11毫无疑问，在中国教育近代化的发展历程中，开明函授学校所从事的这种迥别于传统教育体制的开放式远程教育事业，担当了重要推手的作用。开明函授学校不仅为由于受普通中学资源所限而被迫中断学业的广大在职人员，更为抗战期间辍学在家的失学青年提供了一次接受继续教育、改变人生命运、实现人生志向的极其难得的宝贵机会。令人称赞的是，开明函授学校构建了一套更加开放、更加灵活多变的函授教育体制，最大限度地面向更为广泛的社会教育对象，在一定程度上弥补了普通中学教育资源的匮乏，缓解了学校与社会之间的供需矛盾，减轻了普通中学的办学压力，保证了民国抗战时期中、高等教育事业的可持续发展。

更为重要的是，开明函授学校开展的颇具特色的教育实践活动，也在一定程度上改变了国人通常选择在普通学校接受教育的传统习惯，有力促进了国人传统教育价值理念的更新，为推动中国早期远程教育事业、社会教育事业的深入发展，做出了不可估量的贡献。

纵观开明函授学校办学历史轨迹，既可以称为"一部正面教科书"，同时，也可以称为"一部反面教科书"。所谓"正面教科书"指的是：开明函授学校办学经历，明显地不同于久负盛名的商务印书馆函授学校和中华书局函授学校，它没有经历任何时段的发展时期，却一举成名，直达巅峰。而商务印书馆函授学校办学长达三十余年[25]，中华书局函授学校也有16年之久[2]62-65，上述两所函授学校都经历了初步发展时期、调整时期，然后渐入佳境。所谓"反面教科书"指的是：正当其事业如日中天之际，却突然宣布停办，可谓是大起大落，戛然而止，让人唏嘘不已。尽管办学成绩显赫，但其实际运转时间尚不足三年的光景，个中原因，发人深思。受史料的限制，目前，我们对于开明函授学校的辅助性函授教材体系（主要包括配套练习册、函授教学刊物等）编写特点及其重要功能、辅导答疑、作业批改环节，教学考核环节，成绩证书、毕业证发放环节，函授站的运转情况，学籍管理制度，每年在读学员、毕业学员总人数等诸多重要的教学管理层面，尚不清楚。还必须持续发掘大量的第一手或接近第一手的文献资料，尽量能够全方位、立体化地展现开明函授学校的办学历史轨迹图景。

由于时空的不可逆性，人类社会不可能完全重复和再现已经发生过的历史场景，但是已经发生过的、正在发生的和即将发生的社会图景往往会具有惊人的相似性，这是历史给予我们最有价值的昭示和启发。鉴于开明函授学校在中国早期远程教育史上所占据的重要位置、所具有的重大影响力和其开展的特色鲜明的教育实践活动，值得我们高度重视、持续关注和深入研究，认真总结和反思其办学成败之经验，以期为当今的出版教育事业、陷入困境的高等函授教育、"向何处去"的高等成人教育和前途无量的计算机网络远程教育，提供有益的启发和借鉴。

参考文献：

[1]丁伟．民国时期（1915—1930年）商务印书馆附设函授学社的英文科：上[J]．广西社会科学，2008（9）．

[2]丁伟．民国时期中华书局附设函授学校办学经历概述、特点总结与其启示[J]．兰州学刊，2012（7）：62．

[3]履冰．函授是教育社会化的实践和基础[J]．文化通讯，1948（3）：8．

[4]开明中学讲义开始发计广告——总经理处：上海福州路开明书店总发行所，分经理处：广州、沈阳、北平、汉口开明书店分店[N]．申报，1932-04-14（4）．

[5]失学者的福音——开明中学讲义社[N]．申报，1932-04-30（10）．

[6]上海市私立开明函授学校招收学员通告[N]．申报，1933-07-01（6）．

[7]叶至善．重印《开明国文讲义》后记[G]∥中国出版工作者协会．我与开明．北京：中国青年出版社，1985：280．

[8]开明中学讲义社减费，征募社员，本月底截止[N]．申报，1932-07-29（4）．

[9]开明中学讲义第一期出版——开明中学讲义社通告[N]．申报，1932-05-14（4）．

[10]祝捷．成人教育概论[M]．长春：东北师范大学出版社，2006．

[11]上海私立开明函授学校第一届第一期试验给奖案[N]．申报，1933-07-27（4）．

[12]上海私立开明函授学校招收学员[N]．申报，1933-08-26（6）．

[13]章克标．开明函授学校简述[G]∥中国出版工作者协会．我与开明．北京：中国青年出版社，1985．

[14]开明书店新书（二十四年春季出版）——开明函授学校讲义五种[N]．申报，1935-05-12（1）．

[15]杜志全，许建国．函授教育学[M]．北京：光明日报出版社，1988．

[16]向锦江．开明书店教育了整整一代青年[G]∥中国出版工作者协会．我与开明．北京：中国青年出版社，1985．

[17]丁伟．中国最早的一套语言留声机片——中华书局出版的《中华国音留声机片》[J]．编辑之友，2011（9）：109．

[18]C.P.C.S. News商务印书馆函授学社新闻——国语及英语留声机片[J]．英语周刊，1928（648）：1000．

[19]要英文好、先要发音正确；要发音正确、不可不用开明英语正音片[N]．申报，1933-01-18（4）．

[20]开明英语正音片[N]．申报，1933-10-10（2）．

[21]上海市私立开明函授学校招收学员通告[N]．申报，1933-07-27（4）．

[22]廖辅叔．语言学家赵元任和他的音乐创作[J]．音乐研究，1993（1）：21．

[23]上海市通志馆年鉴委员会．民国廿五年上海市年鉴：教育L[M]．上海：中华书局，1936．

[24]田正平．总前言[M]∥田正平．留学生与中国教育近代化．广州：广东教育出版社，1996．

[25]丁伟．《申报》对商务印书馆附设函授学社办学效果的记载[J]．教学研究，2013（2）：15-18．

（原文载《河北师范大学学报·教育科学版》，中文核心期刊，2013年第3期）